Anna Colella

Power-Grammatik Italienisch

Für Anfänger
zum Üben & Nachschlagen

Hueber Verlag

Grazie a Christian Grohmann

Das Werk und seine Teile sind urheberrechtlich geschützt.
Jede Verwertung in anderen als den gesetzlich zugelassenen Fällen
bedarf deshalb der vorherigen schriftlichen Einwilligung des Verlages.

Hinweis zu § 52a UrhG: Weder das Werk noch seine Teile dürfen ohne
eine solche Einwilligung überspielt, gespeichert und in ein Netzwerk
eingespielt werden. Dies gilt auch für Intranets von Firmen und von
Schulen und sonstigen Bildungseinrichtungen.

| 6. 5. 4. | Die letzten Ziffern |
| 2013 12 11 10 09 | bezeichnen Zahl und Jahr des Druckes. |

Alle Drucke dieser Auflage können, da unverändert,
nebeneinander benutzt werden.
1. Auflage
© 2003 Hueber Verlag, 85737 Ismaning, Deutschland
Umschlaggestaltung: Parzhuber und Partner, München
Zeichnungen: Martin Guhl, Duillier/Schweiz
Lektorat: Piero Salabè, Hueber Verlag, Ismaning
DTP: Satz+Layout Truth GmbH, München
Druck und Bindung: Ludwig Auer GmbH, Donauwörth
Printed in Germany
ISBN 978-3-19-005341-4

Vorwort

Was ist die Power-Grammatik Italienisch?
Die Power Grammatik Italienisch bietet ein übersichtliches, intensives Lern- und Übungsprogramm. Sie basiert auf dem Prinzip: Lernen – Üben – Testen.

Für wen ist die Power-Grammatik Italienisch gedacht?
Die Power-Grammatik Italienisch kann im Selbststudium oder auch kursbegleitend eingesetzt werden. Sie richtet sich an Lernende im Anfängerbereich, die die italienische Grundgrammatik aufarbeiten wollen. Außerdem eignet sich das Buch ideal zur Wiederholung und Auffrischung. Je nach Bedarf ist es möglich, gewünschte Kapitel oder zusammenhängende Themen auszuwählen, oder das ganze Buch systematisch durchzuarbeiten.

Wie ist die Power-Grammatik Italienisch aufgebaut?
Das Buch besteht aus 64 Kapiteln, die alle wichtigen Themen der italienischen Grammatik umfassen und leicht und verständlich abhandeln. Die Strukturen der italienischen Grundgrammatik werden dabei aufbauend vermittelt. Komplexere Themen *(Pronomen, passato prossimo, imperfetto)* sind über mehrere Kapitel verteilt.
Die Lerneinheiten sind klein und überschaubar. Jede Lektion ist auf zwei Seiten verteilt.
Auf der linken Seite wird die Grammatik durch klare, knappe Erklärungen und viele Beispiele erläutert. Der Einstieg in das Grammatikthema erfolgt über einen Cartoon, der den Gebrauch des Grammatikthemas veranschaulicht.
Zum leichteren Verständnis wird auf Unterschiede zur deutschen Sprache gesondert hingewiesen.
Die rechte Seite enthält in der Regel vier Übungen, die das Grammatikthema des Kapitels vertiefen. Die Übungen sind nach Schwierigkeitsgrad geordnet, anspruchsvollere stehen am Ende des Kapitels.
Nach Abschluss einzelner Themenbereiche erfolgt ein Test zur Kontrolle des Lernfortschritts.
Der Anhang enthält den Lösungsschlüssel zu den Übungen und eine Liste der wichtigsten unregelmäßigen Verben.

Die Autorin und die Redaktion wünschen Ihnen viel Erfolg!

Inhalt

1. Substantive mit Endung auf *-o, -a, -e*
   Amore, pizza e cappuccino … – Liebe, Pizza und Cappuccino … — 10

2. Substantive: Besonderheiten von Genus und Pluralbildung
   Due caffè! – Zwei Kaffee! — 12

3. Bestimmte Artikel *(il, lo, la, l', i, gli, le)*
   Prima l'antipasto, poi la zuppa e poi … – Erst die Vorspeise, dann die Suppe und dann … — 14

4. Bestimmte Artikel: Gebrauch
   Signora Neri, Le presento la signora Bianchi. – Frau Neri, ich möchte Ihnen Frau Bianchi vorstellen. — 16

5. Unbestimmte Artikel *(un, uno, una, un')*
   Una bottiglia di acqua minerale! – Eine Flasche Mineralwasser! — 18

6. *Essere* und *avere* (Präsens)
   È così romantico! – Es ist so romantisch! — 20

7. *C'è* und *ci sono*
   Se c'è una bella donna … – Wenn eine schöne Frau da ist … — 22

8. Präsens der regelmäßigen Verben *(-are, -ere, -ire)*
   Gigi vede il tennis sempre così. – Gigi schaut sich Tennis immer so an. — 24

9. Modalverben *volere, dovere, potere* und *sapere* (Präsens)
   Possiamo giocare a poker! – Wir könnten Poker spielen! — 26

10. Unregelmäßige Verben (Präsens)
    Vieni domani? – Kommst du morgen? — 28

11. Präsens der reflexiven und reziproken Verben *(-arsi, -ersi, -irsi)*
    Si chiamano Luca e Giovanna. – Sie heißen Luca und Giovanna. — 30

12. Die *si*-Konstruktion
    Si devono solo fare alcuni lavoretti! – Man muss nur ein paar kleine Reparaturen durchführen! — 32

Test 1: Kapitel 1–12 — 34

Inhalt

13 Adjektive
Il gelato italiano è speciale. – Das italienische Eis ist etwas Besonderes.   36

14 *Bello* und *buono*
Che bel quadro! – Was für ein schönes Bild!   38

15 Adverbien: Bildung und eigene Formen
Finalmente soli! – Endlich allein!   40

16 Adjektiv oder Adverb?
A mio padre piace vivere pericolosamente. – Mein Vater liebt das gefährliche Leben.   42

17 Präpositionen *in* und *a*
Vogliamo ritornare in Francia? – Wollen wir wieder nach Frankreich?   44

18 Präpositionen *di* und *da*
Torno da mia madre! – Ich gehe zu meiner Mutter zurück!   46

19 Präpositionen *con, su, per, tra / fra*
Per te sono pronto a tutto! – Für dich bin ich zu allem bereit!   48

20 Grund- und Ordnungszahlen
È la decima volta che ci arriva questa offerta speciale. –
Zum zehnten Mal bekommen wir dieses Sonderangebot.   50

21 Uhrzeit und Datum
Sono le sette e venti. – Es ist zwanzig nach sieben.   52

22 Teilungsartikel bei unbestimmten Mengenangaben
Vorrei delle mele … – Ich möchte Äpfel …   54

23 Direkte Objektpronomen *(mi, me, ti, te)*
Allora mi ami! – Also liebst du mich!   56

24 Indirekte Objektpronomen *(mi, a me, ti, a te)*
Ti porto una bibita. – Ich bringe dir ein Getränk.   58

25 Zusammengesetzte Objektpronomen *(me lo, te lo, glielo, gliela)*
Gliela prendo. – Ich hole sie Ihnen.   60

Inhalt

26 Das Verb *piacere (mi piace / mi piacciono)*
Ti piace? – Gefällt es dir? 62

27 Verneinung
Non respiro. – Ich atme nicht. 64

28 Mehrfache Verneinung
Non si sente assolutamente niente. – Man spürt absolut nichts. 66

Test 2: Kapitel 13–28 68

29 Gebrauch von *ci*
Non ci credo proprio! – Ich glaube überhaupt nicht daran! 70

30 Gebrauch von *ne*
Anche io ne voglio uno! – Ich will auch eins! 72

31 *Questo* (Adjektiv und Pronomen)
Chi è questa? – Wer ist die hier? 74

32 *Quello* (Adjektiv und Pronomen)
Quella è mia sorella! – Die da ist meine Schwester! 76

33 Passato prossimo: Formen
Forse i bambini hanno tolto un pezzo … – Vielleicht haben die Kinder etwas abmontiert … 78

34 Passato prossimo: *avere* oder *essere*?
Sono tornata! – Ich bin zurück! 80

35 Passato prossimo mit den Pronomen *lo, la, li, le, ne*
Le ho trovate! – Ich habe sie gefunden! 82

36 Transitiver / Intransitiver Gebrauch einiger Verben im passato prossimo
Il numero con i leoni è già cominciato? – Hat die Nummer mit den Löwen schon angefangen? 84

37 Komparativ der Adjektive
Lui è più giovane di lei! – Er ist jünger als sie! 86

Inhalt

38 Superlativ der Adjektive
Il fatto è segretissimo. – Die Sache ist streng geheim. 88

39 Possessivadjektive und -pronomen
Il mio cane è un tesoro! – Mein Hund ist ein Schatz! 90

40 Possessivadjektive mit Verwandtschaftsbezeichnungen
Mia moglie e i miei figli sono andati al mare. – Meine Frau und meine Kinder sind ans Meer gefahren. 92

41 Indefinitadjektive und -pronomen
Hai mangiato tutti i miei cioccolatini! – Du hast meine ganzen Pralinen aufgegessen! 94

42 Fragewörter *(chi?, quale?, quanto?…)*
E lei, chi è? – Und wer ist sie? 96

Test 3: Kapitel 29–42 98

43 Imperfetto: Formen
Tu non c'eri. – Du warst nicht da. 100

44 Imperfetto und passato prossimo: Gebrauch
Mi regalava sempre rose rosse. – Er hat mir immer rote Rosen geschenkt. 102

45 Modalverben, *sapere* und *conoscere* im imperfetto und passato prossimo
Lo sapevi? – Wusstest du das? 104

46 Relativpronomen: *che* oder *cui*?
È una ricetta che ho trovato in una rivista. – Es ist ein Rezept, das ich in einer Zeitschrift gefunden habe. 106

47 Trapassato prossimo
Ti avevo detto di chiedere un dépliant dell'albergo! – Ich hatte dich gebeten, nach einem Prospekt von dem Hotel zu fragen! 108

48 Condizionale presente: Formen
Potresti comprarne una nuova! – Du könntest ein neues kaufen! 110

Inhalt

49 Condizionale presente: Gebrauch
Vorrei tanto sapere ... – Ich würde so gerne wissen ... — 112

50 Condizionale passato
Gli sarebbe piaciuto frequentare l'Accademia di Belle Arti. – Er hätte gern die Kunstakademie besucht. — 114

51 Imperativ *(tu, Lei, voi)*
Chiudi la finestra! – Schließe das Fenster! — 116

52 Stellung der Pronomen beim Imperativ
Fammi chiamare il tecnico! – Lass mich den Fachmann anrufen! — 118

53 Verneinter Imperativ *(tu, Lei, voi)*
Non essere pessimista! – Sei nicht pessimistisch! — 120

Test 4: Kapitel 43–53 — 122

54 Futuro semplice
Saranno delle vacanze stupende! – Es wird ein toller Urlaub werden! — 124

55 Futuro anteriore
Le avrà prese il cane. – Der Hund wird sie genommen haben. — 126

56 *Stare* + Gerundium und *stare per* + Infinitiv
Stiamo installando il computer nuovo. – Wir installieren gerade den neuen Computer. — 128

57 Congiuntivo presente: Formen
Ora è necessario che Lei alleni le gambe. – Jetzt müssen Sie Ihre Beine trainieren. — 130

58 Congiuntivo presente: Gebrauch
Credo che Luigino attraversi una fase espressiva. – Ich glaube, Luigino durchläuft eine expressive Phase. — 132

59 Congiuntivo passato
Penso che ti abbiano dato i biglietti sbagliati. – Ich denke, dass man dir die falschen Karten gegeben hat. — 134

60 Congiuntivo imperfetto
Pensavo che ti piacesse il pesce… – Ich dachte, du magst Fisch … 136

61 Congiuntivo trapassato
Pensavo che se ne fosse dimenticato. – Ich dachte, er hätte es vergessen. 138

62 Bedingungssätze
Se fossi ricco, studierei enologia. – Wenn ich reich wäre, würde ich Weinkunde studieren. 140

63 Konjunktionen
Lo stavo riempiendo quando è squillato il telefono. – Ich füllte sie gerade auf, als das Telefon klingelte. 142

64 Das Passiv
Noi non siamo stati invitati. – Wir sind nicht eingeladen worden. 144

Test 5: Kapitel 54–64 146

Lösungsschlüssel 148

Liste unregelmäßiger Verben 162

Register 172

1 Amore, pizza e cappuccino …
Liebe, Pizza und Cappuccino …

Substantive mit Endung auf -o, -a, -e

Regel Im Italienischen sind Substantive entweder männlich (m) oder weiblich (w) und unterscheiden sich durch jeweils andere Endungen.

▶ Substantive mit Endung auf **-o** sind in der Regel männlich und enden im Plural auf **-i**.

> cappuccino ➡ cappuccini *Cappuccino*
> aperitivo ➡ aperitivi *Aperitif*

▶ Substantive mit Endung auf **-a** sind in der Regel weiblich und enden im Plural auf **-e**.

> pizza ➡ pizze *Pizza*
> opera ➡ opere *Oper / Werk*

▶ Substantive mit Endung auf **-e** können sowohl männlich als auch weiblich sein und enden im Plural auf **-i**.

> amore (m) ➡ amori *Liebe*
> notte (w) ➡ notti *Nacht*

	Singular	Plural
männlich	-o	➡ -i
weiblich	-a	➡ -e
männlich oder weiblich	-e	➡ -i

Substantive mit Endung auf -o, -a, -e   1

1. Entscheiden Sie, ob die Wörter männlich oder weiblich sind. Achten Sie auf die Wörter mit Endung auf -e. Benutzen Sie dazu das Wörterbuch.

carne, bicicletta, acqua, libro, birra, vino, tramezzino, casa, spumante, ragazzo, pensione, mare

männlich	weiblich

2. Kreuzen Sie die richtige Pluralform an.

a piatto ☐ piatte ☐ piatti
b treno ☐ trene ☐ treni
c insalata ☐ insalate ☐ insalati
d ristorante ☐ ristoranti ☐ ristoranta
e finestra ☐ finestri ☐ finestre

f pomodoro ☐ pomodori ☐ pomodora
g bicchiere ☐ bicchieri ☐ bicchiera
h colazione ☐ colaziono ☐ colazioni
i lampada ☐ lampade ☐ lampadi
j televisione ☐ televisiona ☐ televisioni

3. Suchen Sie im Kasten die italienischen Bezeichnungen – waagerecht oder senkrecht – für unten stehende deutsche Wörter und bilden Sie die entsprechende Pluralform.

Fisch	Flasche	Student	Zitrone	Frau	Tag	Hörnchen	Person

Plural
_____
_____
_____
_____
_____
_____
_____

p	b	o	t	t	i	g	l	i	a	c
e	p	e	r	s	o	n	a	t	l	o
s	t	a	v	o	h	i	s	t	i	r
c	s	i	g	n	o	r	a	p	m	n
e	p	i	a	r	a	v	i	d	o	e
s	t	u	d	e	n	t	e	s	n	t
e	b	a	g	i	o	r	n	o	e	t
t	h	a	f	a	r	a	c	h	i	o

4. Vervollständigen Sie die Tabelle und geben Sie an, ob die Wörter männlich (m) oder weiblich (w) sind.

Singular	Plural	m	w
lingua	_____	☐	☐
prenotazione	_____	☐	☐
_____	polli	☐	☐
_____	canzoni	☐	☐
lavoro	_____	☐	☐
ospedale	_____	☐	☐
_____	antipasti	☐	☐
_____	strade	☐	☐

2 Due caffè!
Zwei Kaffee!

Substantive: Besonderheiten von Genus und Pluralbildung

Regel Nicht alle Substantive sind regelmäßig. Einige Substantive weisen Besonderheiten im Genus und bei der Pluralbildung auf.

	Singular	Plural	
Substantive mit Betonung auf der letzten Silbe besitzen im Singular und Plural die gleiche Form.	caffè (m) città (w)	caffè città	*Kaffee / Kaffee* *Stadt / Städte*
Substantive, die mit einem Konsonant enden, sind in der Regel männlich und bleiben im Plural unverändert.	bar (m) film (m)	bar film	*Bar / Bars* *Film / Filme*
Einige Substantive auf **-o** sind weiblich und besitzen im Singular und Plural die gleiche Form.	foto (w) auto (w)	foto auto	*Foto / Fotos* *Auto / Autos*
Substantive auf **-ma** sind männlich und enden im Plural auf **-i**. *aber*	problema (m) tema (m) cinema (m)	problemi temi cinema	*Problem / Probleme* *Thema / Themen* *Kino / Kinos*
Substantive auf **-ista** sind männlich oder weiblich und enden im Plural auf **-i** bzw. auf **-e**.	turista (m/w)	turisti (m) turiste (w)	*Tourist / Touristen* *Touristin / Touristinnen*
Weibliche Substantive auf **-ca** und **-ga** enden im Plural auf **-che** und **-ghe**.	domenica (w) collega (w)	domeniche colleghe	*Sonntag / Sonntage* *Kollegin / Kolleginnen*
Männliche Substantive auf **-co** und **-go**: Wenn die vorletzte Silbe betont ist, enden diese Substantive in der Regel im Plural auf **-chi** und **-ghi**. *aber* Wenn die drittletzte Silbe betont ist, enden sie in der Regel im Plural auf **-ci** und **-gi**. *aber*	tedesco (m) albergo (m) amico (m) medico (m) psicologo (m) dialogo (m)	tedeschi alberghi amici medici psicologi dialoghi	*Deutscher / Deutsche* *Hotel / Hotels* *Freund / Freunde* *Arzt / Ärzte* *Psychologe / Psychologen* *Dialog / Dialoge*

Substantive: Besonderheiten von Genus und Pluralbildung 2

1. Tragen Sie die Wörter in die passende Spalte ein. Achtung! Einige Wörter können mehrmals eingetragen werden.

problemi, film, dentista, albergo, dramma, amici, auto, città, moto, amiche

	Singular	Plural
männlich	_____	_____
	_____	_____
	_____	_____
weiblich	_____	_____
	_____	_____
	_____	_____

2. Männlich oder weiblich? Welches Wort passt nicht in die Reihe?
a foto – problema – radio – domenica – sedia
b computer – medico – auto – amico – tema
c università – cinema – autobus – bar – schema
d regista – artista – farmacista – cameriera – giornalista

3. Jedes Wortpaar (Singular / Plural) enthält einen Fehler. Entdecken und korrigieren Sie ihn.
a sport   sporti   _____   f turisto   turisti   _____
b città   cittè   _____   g cuocho   cuochi   _____
c amico   amichi   _____   h critico   critichi _____
d problemo   problemi   _____   i parco   parchi   _____
e fota   foto   _____   j cinema   cineme   _____

4. Bilden Sie zehn Substantive aus den unten stehenden Wortfragmenten und setzen Sie sie in die Pluralform.

Singular	Plural
caffè	_____
_____	_____
_____	_____
_____	_____
_____	_____
_____	_____
_____	_____
_____	_____
_____	_____
_____	_____

3 Prima l'antipasto, poi la zuppa e poi …
Erst die Vorspeise, dann die Suppe und dann …

Bestimmte Artikel (il, lo, la, l', i, gli, le)

Regel Substantive werden normalerweise von bestimmten oder unbestimmten (→ Kap. 5) Artikeln begleitet.
Die bestimmten Artikel il, lo, la, l', i, gli, le werden verwendet, um sich auf bekannte oder bereits erwähnte Dinge zu beziehen. Sie entsprechen den deutschen Artikeln *der, die, das*.
Die Formen der bestimmten Artikel richten sich nach dem Geschlecht und dem Anfangsbuchstaben des nachfolgenden Wortes.

Männlich	Sing.	Plur.		
vor Konsonant stehen	il	i	il pollo ➡ i polli	*das Huhn / die Hühner*
			il letto ➡ i letti	*das Bett / die Betten*
vor Vokal stehen	l'	gli	l'antipasto ➡ gli antipasti	*die Vorspeise / die Vorspeisen*
			l'ombrello ➡ gli ombrelli	*der Regenschirm / die Regenschirme*
vor s + Konsonant, z, ps, gn und y stehen	lo	gli	lo studente ➡ gli studenti	*der Student / die Studenten*
			lo zio ➡ gli zii	*der Onkel / die Onkel*
			lo yogurt ➡ gli yogurt	*der Jogurt / die Jogurts*

Weiblich	Sing.	Plur.		
vor Konsonant stehen	la	le	la zuppa ➡ le zuppe	*die Suppe / die Suppen*
			la porta ➡ le porte	*die Tür / die Türen*
vor Vokal stehen	l'	le	l'ora ➡ le ore	*die Uhrzeit / die Uhrzeiten*
			l'amica ➡ le amiche	*die Freundin / die Freundinnen*

Bestimmte Artikel (il, lo, la, l', i, gli, le)   3

1. Ordnen Sie die Wörter in die richtige Spalte ein.

| macchina | mobili | specchio | ascensore | spettacoli | uffici | telefonate |
| aranciate | orologio | psicologo | cappotto | giacca | mare | biglietti |

il	lo	la	l'	i	gli	le

2. Vervollständigen Sie folgendes Schema.

Singular	Plural
la sedia	___ sedie
___ yogurt	gli yogurt
___ aeroporto	gli aeroporti
il libro	___ libri

Singular	Plural
l'ospedale	___ ospedali
___ vaso	i vasi
___ auto	le auto
lo scandalo	___ scandali

3. Wählen Sie den richtigen Artikel.
a Mio padre legge sempre *l' / il* giornale dopo pranzo.
b *Lo / Il* sport mi piace moltissimo.
c Giorgio ama *le / l'*opera.
d Teresa fa sempre *la / le* spesa al mercato.
e *Gli / I* giovani vestono in modo sportivo.
f Ti piacciono *lo / gli* gnocchi al pesto?
g Veramente preferisco *le / i* lasagne.
h A Roberta non piacciono *gli / i* quadri di Picasso.

4. Verbinden Sie die linke mit der rechten Spalte, ergänzen Sie die Wörter mit dem dazu passenden Artikel und bilden Sie dann den Plural.

a Frau
b Bus
c Prüfung
d Teller
e Scherz
f Suppe
g Insel
h Rucksack
i Bahnhof
j Rekord

1 ___ zaino / _____
2 ___ isola / _____
3 ___ stazione / _____
4 ___ scherzo / _____
5 ___ record / _____
6 ___ esame / _____
7 *la* donna / *le donne*
8 ___ piatto / _____
9 ___ zuppa / _____
10 ___ autobus / _____

4 Signora Neri, Le presento la signora Bianchi.
Frau Neri, ich möchte Ihnen Frau Bianchi vorstellen.

Bestimmte Artikel: Gebrauch

Regel

Der bestimmte Artikel begleitet Substantive und wird verwendet, um sich auf bekannte oder bereits erwähnte Dinge zu beziehen. Im Gegensatz zum Deutschen wird der bestimmte Artikel im Italienischen auch in folgenden Fällen gebraucht:

- bei signore, signora, signorina, vor Titel- und Berufsbezeichnungen;
  la signora Bianchi, il signor / dottor Vitale (Die Endung -re wird vor Eigennamen zu -r verkürzt.)
    Frau Bianchi, Herr Vitale / Herr Dr. Vitale

! Bei der direkten Anrede entfällt der bestimmte Artikel.
  Signora Neri, Le presento la signora Bianchi. *Frau Neri, ich möchte Ihnen Frau Bianchi vorstellen.*
  Professor Morino, ecco il dottor Manera! *Herr Professor Morino, hier ist Herr Doktor Manera!*

- bei Namen von Kontinenten, Ländern, Regionen und einigen großen Inseln;
  l'Europa, l'Italia, la Toscana, la Sicilia *Europa, Italien, Toskana, Sizilien*

! Der bestimmte Artikel entfällt meist bei der Präposition in (→ Kap. 17).
  in Europa, in Italia *in / nach Europa, in / nach Italien*

- bei Sprachen und Sportarten;
  Studio l'italiano. *Ich lerne Italienisch.*
  Mi piace il tennis. *Ich mag Tennis.*

! In Verbindung mit dem Verb giocare a entfällt der bestimmte Artikel.
  Gioco a tennis. *Ich spiele Tennis.*

- bei der Uhrzeit;
  Sono le sette. *Es ist sieben Uhr.*

- bei Farben und Stoffnamen.
  il rosso, il cotone *Rot, Baumwolle*

! Nach der Präposition di (→ Kap. 18) entfällt bei Stoffnamen der bestimmte Artikel.
  la camicia di cotone *das Baumwollhemd*

Bestimmte Artikel: Gebrauch 4

1. Mit oder ohne Artikel? In folgenden Sätzen haben sich fünf Fehler eingeschlichen. Suchen und korrigieren Sie sie.
a Il dottor Laurenzi, come sta? _____
b L'Umbria è una regione bellissima. _____
c Adoro calcio. _____
d Il mio colore preferito è verde. _____
e Vienna è la capitale dell'Austria. _____
f Il Carlo è un ragazzo simpatico. _____
g Mi piacciono i pantaloni di lino. _____
h Sardegna è un'isola splendida. _____

2. Setzen Sie wo nötig den bestimmten Artikel ein.
a ___ Claudia e ___ Rossella hanno 25 anni.
b Buonasera, ___ Signor Capozzi!
c Che ore sono? – Sono ___ cinque.
d ___ ingegner Colli è di Treviso.
e Amo ___ Francia.
f Mio cugino lavora in ___ Svizzera.
g Parli ___ inglese e ___ spagnolo. Bravo!
h Giochiamo a ___ ping-pong domani?
i Perché non ti piace ___ cotone?
j ___ ciclismo non mi interessa.

3. Übersetzen Sie die Wörter in Klammern mit oder ohne bestimmten Artikel.
a Secondo me *(Japanisch)* _____ _____ è una lingua difficile.
b L'anno prossimo vado in *(Australien)* _____ .
c Che colore ti piace? – *(Weiß)* _____ .
d Mi voglio comprare una collana *(aus Silber)* _____ .
e Conosci *(Frau Rossi)* _____ ?
f *(Seide)* _____ è un tessuto molto pregiato.
g *(Herr Cinque)* _____ , buongiorno!
h *(Griechenland)* _____ ha moltissime isole.
i Non trovo la mia borsa *(aus Leder)* _____ .
j Sono *(sieben)* _____ e venti.

5 Una bottiglia di acqua minerale!
Eine Flasche Mineralwasser!

Unbestimmte Artikel (un, uno, una, un')

Regel
Substantive werden normalerweise von bestimmten (→ Kap. 3) oder unbestimmten Artikeln begleitet.
Die unbestimmten Artikel un, uno, una, un' verwendet man, um sich auf Personen, Dinge und Sachverhalte zu beziehen, die nicht bekannt sind oder zum ersten Mal erwähnt werden. Sie entsprechen den deutschen Artikeln *ein, eine* und werden nur im Singular bei zählbaren Substantiven verwendet, im Plural werden sie ausgelassen (z. B. un bravo bambino – bravi bambini). Die Formen der unbestimmten Artikel richten sich nach dem Geschlecht und dem Anfangsbuchstaben des nachfolgenden Wortes.

männlich			weiblich		
vor Konsonant und Vokal steht			vor Konsonant steht		
un	un momento	*ein Augenblick*	**una**	una bottiglia	*eine Flasche*
	un quadro	*ein Bild*		una candela	*eine Kerze*
	un elefante	*ein Elefant*	vor Vokal steht		
	un appartamento	*eine Wohnung*	**un'**	un'aranciata	*eine Orangenlimonade*
vor s + Konsonant, z, ps, gn, y steht				un'insalata	*ein Salat*
uno	uno spumante	*ein Sekt*			
	uno zaino	*ein Rucksack*			
	uno psicologo	*ein Psychologe*			

Unbestimmte Artikel (un, uno, una, un') 5

1. Ordnen Sie die Wörter dem passenden Artikel zu.

un': agenda, pseudonimo, stagione
una: crema, animale, scuola
un: pettine, gatto, estate
uno: zoo

2. Un oder un'? Vervollständigen Sie.

____ favore   ____ elicottero   ____ auto
____ anno   ____ ora   ____ aereo
____ ascensore   ____ orologio   ____ impermeabile
____ italiana   ____ cane   ____ telegramma
____ edicola   ____ idea   ____ offerta

3. Ergänzen Sie mit un, uno, una oder un'.

a C'è ____ banca qui vicino?
b Tina, porti ____ zaino troppo pesante!
c A Natale vado in vacanza in ____ isola tropicale.
d In Italia il calcio è ____ sport molto popolare.
e Vorrei ____ pizza margherita!
f Fabio e Paolo sono a Roma e cercano ____ albergo economico.
g Eros Ramazzotti è ____ cantante che amo molto.
h A Bologna c'è ____ università molto antica.
i Vi posso offrire ____ aperitivo?
j Vogliamo comprare ____ televisore nuovo.

4. Schreiben Sie unter jede Zeichnung die italienische Bezeichnung mit dem entsprechenden unbestimmten Artikel.

6 È così romantico!
Es ist so romantisch!

! In den folgenden Kapiteln ist vom Präsens die Rede. Es handelt sich dabei, wenn nicht anders erwähnt, um das Indikativ Präsens. Der Indikativ ist die Wirklichkeitsform und unterscheidet sich in Form und Gebrauch vom Konjunktiv, der Möglichkeitsform (→ Kap. 57–61).

Essere und avere (Präsens)

Regel Wie im Deutschen üben essere *(sein)* und avere *(haben)* sowohl die Funktion von Vollverben aus – z. B. Ho un figlio *(Ich habe einen Sohn)* – als auch die Funktion von Hilfsverben – z. B. Ho comprato un regalo *(Ich habe ein Geschenk gekauft)*. (Zur Bildung des passato prossimo → Kap. 33). Die Bedeutung des Vollverbs deckt sich in vielen Fällen nicht mit der deutschen Entsprechung, z. B. Ho 20 anni *(Ich bin 20)*.
Die Formen von essere und avere sind unregelmäßig.

	essere		avere	
(io)	sono	*ich bin*	ho	*ich habe*
(tu)	sei	*du bist*	hai	*du hast*
(lui, lei, Lei)	è	*er, sie, es ist / Sie sind*	ha	*er, sie, es hat / Sie haben*
(noi)	siamo	*wir sind*	abbiamo	*wir haben*
(voi)	siete	*ihr seid / Sie sind*	avete	*ihr habt / Sie haben*
(loro)	sono	*sie sind*	hanno	*sie haben*

! Die Subjektpronomen (io, tu, lui, lei, Lei, noi, voi, loro) werden normalerweise weggelassen, außer man möchte etwas betonen (Lei è la signora Paolucci?).
Für die Höflichkeitsform (Sie) wird die 3. Person Singular Lei benutzt. Im Plural dagegen wird die Form voi gebraucht, selten auch loro.

È così romantico! *Es ist so romantisch!*
Lei è la signora Paolucci? *Sind Sie Frau Paolucci?*
Teresa e Fabio sono stanchi. *Teresa und Fabio sind müde.*
Di dove sei? *Woher bist du?*

Ho freddo. *Mir ist kalt.*
Tullio ha 30 anni. *Tullio ist 30.*
Avete fame? *Habt ihr / Haben Sie Hunger?*
Perché hai fretta? *Warum hast du es eilig?*

Essere und avere (Präsens) — 6

1. Wandeln Sie folgende Sätze um.

Abbiamo voglia di uscire. → (io) <u>Ho voglia di uscire.</u>

a Non hai la macchina?   (voi) _____
b Gabi è di Stoccarda.   Gabi e Jürgen _____
c Ho paura di guidare.   (noi) _____
d Di dove siete?   (tu) _____
e Sono a casa.   (noi) _____
f Rosa e Clelia hanno fretta.   Giuseppe _____
g Siamo alla stazione.   (io) _____

2. Vervollständigen Sie mit der richtigen Verbform. Verbinden Sie danach die linke mit der rechten Spalte zu sinnvollen Sätzen.

a Io *(essere)* <u>sono</u>
b Teresa *(avere)* _____
c Livio, perché *(essere)* _____
d Anna e Giorgio *(avere)* _____
e Oggi *(io / avere)* _____
f Noi *(avere)* _____
g Scusi, Lei *(essere)* _____
h I bambini *(essere)* _____

1 così triste?
2 due figli, e voi?
3 sposata?
4 di Brescia, e tu?
5 stanchi!
6 mal di testa, non lavoro.
7 un ragazzo spagnolo.
8 un lavoro interessante. Sono musicisti.

3. Setzen Sie die unten stehenden Verbformen an der richtigen Stelle ein.

| ho | hanno | è | sono | sei | avete | siamo |

a Di dove _____, Paul?
b *(io)* _____ un appartamento a Berlino.
c Ragazzi, _____ sete?
d Tiziana _____ molto stanca.
e Io _____ francese, e tu?
f Roberto e Luigi _____ 25 anni.
g _____ veramente arrabbiati con te!

4. Essere oder avere? Ergänzen Sie.

a _____ tardi, vado a dormire.
b Mara e Vittorio _____ sposati da 10 anni.
c Andiamo in pizzeria? Io _____ fame.
d Voi _____ americani, vero?
e *(voi)* _____ proprio una bella casa!
f Cinzia, _____ sete?
g Noi _____ insegnanti, e voi?
h Quanti anni _____ i tuoi figli?

21

7 Se c'è una bella donna …
Wenn eine schöne Frau da ist …

Se c'è una bella donna, ci sono anche degli uomini.

C'è und ci sono

Regel
C'è und ci sono entsprechen den deutschen Ausdrücken *es gibt, da ist / da sind*.
C'è wird bei einem Substantiv im Singular, ci sono bei einem Substantiv im Plural verwendet.

C'è una bella donna. *Es ist eine schöne Frau da.*
Ci sono degli uomini. *Es sind Männer da.*
C'è un supermercato qui vicino? *Gibt es einen Supermarkt hier in der Nähe?*
A Roma ci sono tanti monumenti. *In Rom gibt es viele Denkmäler.*

! Wenn der Satz mit einer Ortsangabe beginnt, verwendet man c'è / ci sono.
Steht das Subjekt am Anfang des Satzes, wird è / sono verwendet.

Sul tavolo c'è una lampada. *Es gibt eine Lampe auf dem Tisch.*
La lampada è sul tavolo. *Die Lampe ist auf dem Tisch.*

A Firenze ci sono gli Uffizi. *In Florenz gibt es die Uffizien.*
Gli Uffizi sono a Firenze. *Die Uffizien sind in Florenz.*

C'è und ci sono — 7

1. Was gibt es im Wohnzimmer?

Nel salotto …
c'è   una finestra
_____
_____
_____
_____

ci sono _____
_____
_____
_____
_____

2. Setzen Sie c'è oder ci sono ein.
a Scusi, _____ una banca qui vicino?
b Nel frigorifero _____ sei uova.
c In Italia _____ tante cose interessanti da vedere.
d Vittorio, nella tua stanza _____ un disordine terribile!
e Mi dispiace, ma non _____ camere libere.
f A Napoli _____ molti alberghi bellissimi con vista sul mare.
g Vicino a casa mia _____ un ristorante cinese.

3. Vervollständigen Sie die Sätze mit den unten stehenden Verben.

è   sono   c'è   ci sono   è   c'è

a Nella mia città _____ un bar famosissimo.
b Vicino al cinema _____ due ristoranti tipici.
c Il latte _____ nel frigorifero.
d Nella piazza _____ una fontana.
e Le scarpe _____ nell'armadio.
f Il cappello _____ là sul mobile.

4. C'è / ci sono oder è / sono? Ergänzen Sie.
a La coperta _____ sul divano.
b Di fronte alla casa di Lucia _____ un negozio di prodotti biologici.
c Nel bagno non _____ gli asciugamani. Ma dove sono?
d In Italia _____ molte isole: le più grandi sono la Sicilia e la Sardegna.
e I libri _____ là sulla scrivania.
f In questa città _____ una chiesa del 1100.
g La macelleria _____ tra la farmacia e la tabaccheria.
h La biblioteca e il municipio _____ nella piazza principale della città.

8 Gigi vede il tennis sempre così.
Gigi schaut sich Tennis immer so an.

Präsens der regelmäßigen Verben (-are, -ere, -ire)

Regel Die regelmäßigen Verben werden in drei Klassen mit unterschiedlichem Konjugationsmuster eingeteilt: Verben mit Infinitiv auf -are, auf -ere und auf -ire. Bei den Verben auf -ire gibt es eine weitere Unterscheidung: Verben mit und ohne Stammerweiterung auf -isc-.

	cucinare *kochen*	vedere *sehen*	aprire *öffnen*	preferire *bevorzugen*
(io)	cucino	vedo	apro	preferisco
(tu)	cucini	vedi	apri	preferisci
(lui, lei, Lei)	cucina	vede	apre	preferisce
(noi)	cuciniamo	vediamo	apriamo	preferiamo
(voi)	cucinate	vedete	aprite	preferite
(loro)	cucinano	vedono	aprono	preferiscono

Der Punkt unter der Verbform gibt die betonte Silbe an.

Wie preferire konjugieren u. a. auch capire *(verstehen)*, finire *(beenden)*, pulire *(putzen)*.
Bei Verben auf -care / -gare wird zur Beibehaltung des ursprünglichen Lautes in der 2. Person Singular und in der 1. Person Plural ein h zwischen dem Verbstamm und der Endung eingefügt: giocare *(spielen)* ➡ (tu) giochi, (noi) giochiamo.

Das Präsens wird bei Handlungen und Zuständen der unmittelbaren Gegenwart gebraucht sowie bei Handlungen und Zuständen, die eine Gewohnheit ausdrücken oder sich auf eine nahe Zukunft beziehen.
I ragazzi ascoltano la radio. *Die Jugendlichen hören Radio.*
Gigi vede il tennis sempre così. *Gigi schaut sich Tennis immer so an.*
Domani andiamo a Roma. *Morgen fahren wir nach Rom.*

! Will man etwas verneinen, so stellt man das Wort non *(nicht)* vor das Verb (→ Kap. 27), nicht dahinter wie im Deutschen. Monica non cucina. *(Monica kocht nicht.)*

Präsens der regelmäßigen Verben (-are, -ere, -ire) 8

1. Tragen Sie die Verbformen in die zutreffende Spalte ein. Geben Sie auch an, um welche Person es sich handelt.

   scrivono   ridiamo   giochiamo   comprano
   capisce   preferisci
   ~~amo~~   mettete
   partite   chiudi

-are	-ere	-ire
io amo		

2. Vervollständigen Sie mit den unten stehenden Verben.

   finisce   leggo   lavorate   dormono   parlano   vedi   preferisco   suona

   a La sera _____ sempre il giornale.
   b Mio marito _____ la chitarra.
   c La lezione _____ alle 12.30.
   d Non *(voi)* _____ il sabato, vero?
   e La domenica i miei figli _____ fino a mezzogiorno.
   f Quando _____ la TV?
   g Tim e Sam _____ benissimo l'italiano.
   h _____ cenare presto.

3. Ergänzen Sie mit der passenden Verbform.
   a *(io / cantare)* _____ sempre sotto la doccia.
   b Non *(noi / ascoltare)* _____ mai la musica classica. È così noiosa!
   c Domani Antonio *(partire)* _____ per le vacanze.
   d In genere i negozi *(chiudere)* _____ alle 19.00.
   e Quando *(cominciare)* _____ il corso d'inglese?
   f Ah, *(voi / vivere)* _____ in Olanda! E come mai?
   g *(Lei / preferire)* _____ un Martini o uno spumante?
   h Io ho caldo: *(io / aprire)* _____ la finestra!
   i Di solito *(noi / finire)* _____ di lavorare alle 17.00.
   j Per andare in ufficio Roberto *(prendere)* _____ la metropolitana.

4. Beantworten Sie folgende Fragen, indem Sie die passende Verbform ergänzen.
   a Che vino preferisci? – _____ il vino rosso.
   b Quando tornate? – _____ domani sera.
   c Cosa mangiano i bambini oggi? – _____ uova e verdura.
   d E Lei dove vive? – _____ a Berna.
   e Perché chiudete la finestra? – _____ la finestra perché piove!
   f Dottor Frizzi, quando parte? – _____ stasera.

9 Possiamo giocare a poker!
Wir könnten Poker spielen!

Modalverben volere, dovere, potere und sapere (Präsens)

Regel Neben ihrer Funktion als Vollverben werden volere, dovere, potere auch als Modalverben gebraucht. Sie begleiten dann ein Verb im Infinitiv und präzisieren die Art und Weise der jeweiligen Handlung. Volere drückt einen Wunsch / eine Absicht aus, dovere eine Notwendigkeit, potere eine Möglichkeit / eine Erlaubnis. Die Modalverben haben unregelmäßige Formen.
Vogliono mangiare la torta. *Sie möchten den Kuchen essen.*
Devo studiare tanto per l'esame. *Ich muss viel für die Prüfung lernen.*
Possiamo giocare a poker. *Wir könnten (wörtlich: können) Poker spielen.*

Das Verb sapere bedeutet je nach Kontext *wissen* oder *können*. In der Bedeutung von *können* verhält sich sapere wie ein Modalverb, das heißt, es folgt ihm ein Verb im Infinitiv.
Mio padre sa tutto. *Mein Vater weiß alles.*
Non so giocare a poker. *Ich kann nicht Poker spielen.*

! Potere drückt eine Möglichkeit / eine Erlaubnis aus, sapere eine Fähigkeit.
Posso suonare il pianoforte. *Ich kann Klavier spielen. (Es ist möglich. / Es ist mir erlaubt.)*
So suonare il pianoforte. *Ich kann Klavier spielen. (Ich bin dazu fähig.)*

	volere *wollen*	dovere *müssen, sollen*	potere *können, mögen*	sapere *wissen, können*
(io)	voglio	devo	posso	so
(tu)	vuoi	devi	puoi	sai
(lui, lei, Lei)	vuole	deve	può	sa
(noi)	vogliamo	dobbiamo	possiamo	sappiamo
(voi)	volete	dovete	potete	sapete
(loro)	vogliono	devono	possono	sanno

Modalverben volere, dovere, potere und sapere (Präsens) 9

1. Bringen Sie die Wörter in die richtige Reihenfolge.
a vedere / il / possiamo / di Benigni / film   _____ !
b devo / Marco / invitare   _____ .
c a teatro / venire / vuole / domani / signora   _____ , _____ domani?
d chitarra / suonare / la / sapete   _____ ?
e l' / perché / vuoi / italiano / imparare   _____ ?
f Gigi / fare / e / Franco / devono / un esame   Gigi _____ .

2. Vervollständigen Sie den Dialog mit den passenden Verbformen.
▲ Pronto!
● Ciao Giulia, sono Mirella.
▲ Mirella, che sorpresa!
● Senti, domani *(io / dovere)* _____ andare in centro per delle compere. *(volere)* _____ venire anche tu? *(noi / potere)* _____ fare una passeggiata!
▲ Mmm, non lo *(io / sapere)* _____ … Domani mattina io e Giorgio *(dovere)* _____ andare dall'avvocato. Forse dopo …
● Sì, va bene. E dove *(noi / volere)* _____ incontrarci?
▲ Davanti al cinema Astra …

3. Ergänzen Sie mit potere, dovere oder volere.
a Mi dispiace, non _____ giocare a calcio. Domani ho un esame.
b Aurelio non _____ fumare perché ha la bronchite.
c Se hai mal di denti, _____ andare subito dal dentista.
d Ragazzi, *(noi)* _____ andare in discoteca sabato sera?
e Quando vai al supermercato _____ comprare anche lo shampoo, per piacere?
f *(voi)* _____ venire al concerto di Zucchero? Ho tre biglietti gratis.
g Stasera ho ospiti a cena. _____ fare ancora la spesa, cucinare e mettere in ordine la casa!
h Piero _____ comprare un appartamento al mare.
i Se lavorate per una ditta americana, _____ imparare l'inglese!
j La prossima estate *(io)* _____ frequentare un corso di francese a Parigi.

4. Potere oder sapere? Ergänzen Sie.
a Che caldo! *(io)* _____ aprire la finestra?
b *(tu)* _____ sciare?
c Scusi, *(Lei)* _____ se c'è una farmacia da queste parti?
d Ragazzi, *(voi)* _____ andare allo stadio, solo se prima finite tutti i compiti.
e Non abbiamo l'auto perché non _____ guidare.
f *(loro)* Non _____ mangiare dolci perché sono a dieta.

10 Vieni domani?
Kommst du morgen?

Unregelmäßige Verben (Präsens)

Regel ▶ Viele italienische Verben sind unregelmäßig. Hier sind einige der wichtigsten Verben mit unregelmäßigem Präsens aufgelistet (vgl. auch → Anhang).

	andare *gehen*	bere *trinken*	dare *geben*	dire *sagen*
(io)	vado	bevo	do	dico
(tu)	vai	bevi	dai	dici
(lui, lei, Lei)	va	beve	dà	dice
(noi)	andiamo	beviamo	diamo	diciamo
(voi)	andate	bevete	date	dite
(loro)	vanno	bevono	danno	dicono

	fare *machen, tun*	rimanere *bleiben*	riuscire *gelingen*	scegliere *wählen*
(io)	faccio	rimango	riesco	scelgo
(tu)	fai	rimani	riesci	scegli
(lui, lei, Lei)	fa	rimane	riesce	sceglie
(noi)	facciamo	rimaniamo	riusciamo	scegliamo
(voi)	fate	rimanete	riuscite	scegliete
(loro)	fanno	rimangono	riescono	scelgono

	sedere *sitzen*	stare *bleiben*	uscire *ausgehen*	venire *kommen*
(io)	siedo	sto	esco	vengo
(tu)	siedi	stai	esci	vieni
(lui, lei, Lei)	siede	sta	esce	viene
(noi)	sediamo	stiamo	usciamo	veniamo
(voi)	sedete	state	uscite	venite
(loro)	siedono	stanno	escono	vengono

Unregelmäßige Verben (Präsens) 10

1. Ordnen Sie die Verben in die richtige Spalte ein.

esci   viene   riesco   vengo   dite   scegliamo   sali   sto   dà   siedono   diamo   dici   bevete   vanno   va   rimangono

io	tu	lui / lei / Lei	noi	voi	loro

2. Ergänzen Sie mit der passenden Verbform und verbinden Sie die Dialogteile.

a Ciao, Maria. Come *(stare)* _____ ?
b Domani *(noi / andare)* _____ al mare.
c Quando *(venire)* _____ i tuoi genitori?
d Cosa *(voi / fare)* _____ sabato?
e Dottor Schettino, *(bere)* _____ un cognac?
f Papà, mi *(dare)* ____ la macchina stasera?

1 Ah, bello! *(venire)* _____ anche noi!
2 *(noi / uscire)* _____ con alcuni amici ...
3 No. Stasera tu non *(uscire)* _____ !
4 Io *(stare)* _____ bene, grazie. E tu?
5 Domani e *(loro / rimanere)* _____ tre giorni.
6 No, grazie, io non *(bere)* _____ alcolici.

3. Wandeln Sie die Sätze um.

a La mattina Caterina esce alle 7.00. → La mattina Caterina e Danilo _____ .
b Riuscite a tornare in orario oggi? → *(tu)* _____ ?
c Quando vieni a trovarmi? → Quando *(voi)* _____ ?
d Scusate, sedete voi qui? → Scusi, _____ Lei qui?
e Facciamo una passeggiata in centro. → *(io)* _____ .
f Allora rimanete a cena? → Allora *(tu)* _____ ?

4. Verwenden Sie das passende Verb in der richtigen Form.

uscire   andare   stare   dire   dare   bere   rimanere

a A Natale *(io)* _____ una settimana sulle Dolomiti.
b Se non studi, *(noi)* non ti _____ i soldi per le vacanze!
c Chiara, come _____ i tuoi nonni?
d Ma perché *(tu)* _____ sempre le stesse cose?
e Sabato prossimo Wanda e Tania _____ con due ragazzi spagnoli.
f Allora, che *(voi)* _____ ? Un tè o un caffè?
g Mi dispiace, stasera non posso, _____ in ufficio fino a tardi.

11 Si chiamano Luca e Giovanna.
Sie heißen Luca und Giovanna.

* Engelchen

Präsens der reflexiven und reziproken Verben (-arsi, -ersi, -irsi)

Regel Reflexive Verben drücken eine Handlung aus, die sich ausschließlich auf das Subjekt bezieht, z. B. lavarsi *(sich waschen)*.
Reziproke Verben dagegen drücken eine wechselseitige Handlung zwischen zwei oder mehreren Personen aus, z. B. incontrarsi *(sich treffen)*.
Reflexive und reziproke Verben werden im Präsens entsprechend der drei regelmäßigen Konjugationen (-are, -ere, -ire) gebildet. Vorangestellt wird das jeweilige Reflexivpronomen (mi, ti, si, ci, vi, si), das im Gegensatz zu den Subjektpronomen nie ausgelassen werden kann.

	-are + si ➡ -arsi	-ere + si ➡ -ersi	-ire + si ➡ -irsi
	lavarsi *sich waschen*	**nascondersi** *sich verstecken*	**vestirsi** *sich anziehen*
(io)	mi lavo	mi nascondo	mi vesto
(tu)	ti lavi	ti nascondi	ti vesti
(lui, lei, Lei)	si lava	si nasconde	si veste
(noi)	ci laviamo	ci nascondiamo	ci vestiamo
(voi)	vi lavate	vi nascondete	vi vestite
(loro)	si lavano	si nascondono	si vestono

➡ Auch bei unregelmäßigen Verben stehen die Reflexivpronomen vor den unregelmäßigen Formen des Verbs, z. B. sedersi *(sich hinsetzen)* ➡ mi siedo, ti siedi, si siede u.s.w.

➡ Wird ein reflexives Verb im Infinitiv gebraucht, so können die Reflexivpronomen vor dem konjugierten Verb stehen oder an die Infinitivform angehängt werden.
Luisa si vuole preparare bene per l'esame. } *Luisa möchte sich für die Prüfung gut vorbereiten.*
Luisa vuole prepararsi bene per l'esame.

! Einige Verben, die im Deutschen nicht reflexiv sind, werden im Italienischen als Reflexivverben gebraucht, z. B. addormentarsi *(einschlafen)*, alzarsi *(aufstehen)*, chiamarsi *(heißen)*, svegliarsi *(aufwachen)*.

Si chiamano Luca e Giovanna. *Sie heißen Luca und Giovanna.*

Präsens der reflexiven und reziproken Verben (-arsi, -ersi, -irsi) — 11

1. Ordnen Sie die angegebenen Verbformen den entsprechenden Infinitivendungen zu.

mi pettino – si veste – ci sposiamo
si taglia – si sentono – vi divertite
ci conosciamo – ti addormenti
mi siedo

-arsi	-ersi	-irsi
_____	_____	_____
_____	_____	_____
_____		_____
_____		

2. Ergänzen Sie folgende E-Mail.

Ciao, Fabio! Come stai?
Sono qui a Bologna già da un mese e vado all'università tutti i giorni!
(alzarsi) _____ alle 6.30 – che fatica! –, *(farsi)* _____ la doccia,
(vestirsi) _____, bevo velocemente un caffè ed esco. Seguo i corsi fino
all'una. A volte vado a pranzo alla mensa, a volte torno a casa.
Mangio qualcosa, poi *(riposarsi)* _____ un'ora. Il pomeriggio di solito
studio. La sera *(incontrarsi)* _____ con degli amici. Che pazzi!! Insieme
(noi / divertirsi) _____ un sacco! Quando torno a casa, sono stanco morto
e *(addormentarsi)* _____ subito.
E tu che fai? *(tu / iscriversi)* _____ all'università, sì o no? Aspetto tue notizie.
Oscar

3. Verwenden Sie das passende Verb in der richtigen Form.

sposarsi   mettersi   chiamarsi   alzarsi   impegnarsi   sentirsi   conoscersi

a Se *(tu)* _____ , superi l'esame senza problemi.
b Lo sai che l'anno prossimo *(lo)* _____ ? – Auguri!
c Allora signor Carrara, _____ meglio oggi?
d Per il matrimonio di Vittorio *(io)* _____ il vestito blu, sei d'accordo?
e Pina e io _____ dagli anni del liceo.
f E tu come _____ ? – Livio.
g A che ora *(voi)* _____ la domenica? – Mai prima delle dieci!

4. Wandeln Sie die Sätze um. Folgen Sie dem Beispiel.

   Domani mi devo svegliare presto. → *Domani devo svegliarmi presto.*
a Non ti vuoi riposare un po'? → _____
b Roberto non si sa fare nemmeno un caffè! → _____
c Potete sedervi qui se volete. → _____
d È tardi! Dobbiamo sbrigarci. → _____
e Mi comincio ad annoiare a questa festa. → _____
f I tuoi amici non si sanno vestire! → _____

12 Si devono solo fare alcuni lavoretti!
Man muss nur ein paar kleine Reparaturen durchführen!

* Gutes Geschäft

Die si-Konstruktion

 Die si-Konstruktion drückt eine allgemeine, nicht an eine bestimmte Person gebundene Erfahrung aus. Das Verb steht dabei in der 3. Person Singular. Si entspricht dem deutschen *man*.
Quando fa caldo si beve di più. *Wenn es heiß ist, trinkt man mehr.*
Nei locali pubblici non si fuma. *In öffentlichen Gebäuden raucht man nicht.*

 Wenn aber ein direktes Objekt dem Verb folgt, richtet sich das Verb nach dem Objekt. Ist das Objekt im Singular, steht das Verb in der 3. Person Singular. Ist das Objekt im Plural, steht das Verb in der 3. Person Plural.
Si vende la casa. *Das Haus ist zu verkaufen.*
In Italia si mangia molto la pasta. *In Italien isst man viel Nudeln.*
Si devono solo fare alcuni lavoretti. *Man muss nur ein paar kleine Reparaturen durchführen.*
In Olanda si coltivano i tulipani. *In Holland werden Tulpen gezüchtet.*

! Bei reflexiven / reziproken Verben verwendet man zur Vermeidung der Wiederholung von si die Konstruktion ci si + Verb .
Ci si incontra a piazza Navona. *Man trifft sich auf der Piazza Navona.*

Die si-Konstruktion   12

1. Verbinden Sie die linke mit der rechten Spalte.

a	In biblioteca …	1	si va a sciare.
b	Dal fruttivendolo …	2	si raccolgono i funghi.
c	Sulla neve …	3	si leggono i libri.
d	Nei boschi …	4	si comprano le mele.
e	La notte di Natale …	5	ci si scambiano i regali.

(a → 3)

2. Vervollständigen Sie die Sätze mit der si-Konstruktion.
a Con il pesce *(bere)* _____ il vino bianco.
b Quando fa freddo *(mettersi)* _____ il cappotto.
c La domenica *(andare)* _____ a messa.
d In panetteria *(vendere)* _____ i panini.
e Ai bambini *(raccontare)* _____ le favole.
f A scuola non *(dormire)* _____ !
g In palestra *(fare)* _____ sport.
h A Carnevale *(organizzare)* _____ balli in maschera.

3. Wandeln Sie die Sätze um. Folgen Sie dem Beispiel.
   In Italia in genere tutti mangiano la pasta. → *In Italia si mangia la pasta.*
a Alle scuole elementari tutti imparano a leggere e scrivere.
   _____

b A San Silvestro le persone festeggiano l'arrivo dell'anno nuovo.
   _____

c Al casinò le persone scommettono, vincono o perdono.
   _____

d In Turchia in genere nessuno mangia carne di maiale.
   In Turchia non _____

e In Italia in estate le persone vanno in montagna o al mare.
   _____

f Dal giornalaio la gente compra riviste e giornali.
   _____

4. Vervollständigen Sie die Sätze mit den unten stehenden Angaben und verwenden Sie dabei die si-Konstruktion.

- sposarsi in abito bianco
- esibire gli animali feroci
- comprare la carne
- ballare fino al mattino

In chiesa _____ Al circo _____
In macelleria _____ In discoteca _____

TEST 1

Kapitel 1–12

Wählen Sie die richtige Form.

Substantive

1. libro – libr…
   a) ☐ -i
   b) ☐ -e

2. piant… – piante
   a) ☐ -o
   b) ☐ -a

3. fiore – fior…
   a) ☐ -i
   b) ☐ -e

4. possibilità – possibilit…
   a) ☐ -è
   b) ☐ -à

5. panorama – panoram…
   a) ☐ -i
   b) ☐ -e

6. clinica – clini…
   a) ☐ -che
   b) ☐ -ce

Artikel

7. … spettacoli
   a) ☐ gli
   b) ☐ i

8. … storie
   a) ☐ il
   b) ☐ le

9. … acqua
   a) ☐ l'
   b) ☐ la

10. … dottor Lanza, come va?
    a) ☐ Il
    b) ☐ –

11. … Toscana è una regione molto famosa.
    a) ☐ –
    b) ☐ La

12. … auto
    a) ☐ un'
    b) ☐ un

13. … telefono
    a) ☐ un
    b) ☐ uno

Präsens

14. Scusi, Lei … italiano?
    a) ☐ è
    b) ☐ sono

15. Paola … 27 anni.
    a) ☐ è
    b) ☐ ha

16. Nella nostra scuola non … studenti stranieri.
    a) ☐ c'è
    b) ☐ ci sono

17. Il cappello … sulla sedia.
    a) ☐ c'è
    b) ☐ è

18. La domenica Sergio … fino a tardi.
    a) ☐ dorme
    b) ☐ dormi

19. Antonio e Camilla … medicina.
    a) ☐ studiano
    b) ☐ studiamo

Kapitel 1–12

20. Perché (voi) … in campagna?
   a) ▪ viviamo
   b) ▪ vivete

21. Se hai la febbre, … chiamare il medico.
   a) ▪ vuoi
   b) ▪ devi

22. Matteo … suonare il violino. – Davvero?
   a) ▪ può
   b) ▪ sa

23. (noi) … andare a ballare!
   a) ▪ Possiamo
   b) ▪ Possono

24. … alla festa di Lucia sabato?
   a) ▪ Vieni
   b) ▪ Esci

25. Stasera (noi) … una passeggiata in centro.
   a) ▪ fanno
   b) ▪ facciamo

26. Io … bene, e tu?
   a) ▪ sto
   b) ▪ sta

27. Dopo pranzo … riposo sempre.
   a) ▪ mi
   b) ▪ si

28. Mario e Alberto … da dieci anni.
   a) ▪ si conoscono
   b) ▪ conoscono

si-Konstruktion

29. Dal parrucchiere … i capelli.
   a) ▪ si taglia
   b) ▪ si tagliano

30. Con il vagone letto … comodamente.
   a) ▪ si viaggia
   b) ▪ si viaggiano

Vergleichen Sie nun Ihre Lösungen mit dem Schlüssel auf S. 150. Wenn Sie Aufgaben nicht richtig gelöst haben, wiederholen Sie noch einmal das betreffende Kapitel. Diese Tabelle zeigt Ihnen, auf welches Kapitel sich die einzelnen Aufgaben beziehen.

Aufgabe	Kapitel	Aufgabe	Kapitel
1	1	16	7
2	1	17	7
3	1	18	8
4	2	19	8
5	2	20	8
6	2	21	9
7	3	22	9
8	3	23	9
9	3	24	10
10	4	25	10
11	4	26	10
12	5	27	11
13	5	28	11
14	6	29	12
15	6	30	12

TEST 1

13 Il gelato italiano è speciale.
Das italienische Eis ist etwas Besonderes.

Adjektive

Regel Die Adjektive richten sich in Geschlecht und Zahl nach den Substantiven, auf die sie sich beziehen. Sie stehen in der Regel hinter den Substantiven.
il gelato italiano *das italienische Eis*

Es gibt zwei Gruppen von Adjektiven:

Die Adjektive der Gruppe -o/-a haben im Singular die Endung -o für die männliche Form und -a für die weibliche. Im Plural enden sie auf -i bzw. -e.
il gelato italiano ➡ i gelati italiani *das italienische Eis* (im Deutschen kein Plural)
la pizza italiana ➡ le pizze italiane *die italienische Pizza / die italienischen Pizzen*

Die Adjektive der Gruppe -e haben im Singular die Endung -e und im Plural die Endung -i für beide Geschlechter.
il bambino speciale ➡ i bambini speciali *das besondere Kind / die besonderen Kinder*
la donna speciale ➡ le donne speciali *die besondere Frau / die besonderen Frauen*

	Singular	Plural
Gruppe -o/-a	-o (m) ➡	-i (m)
	-a (w) ➡	-e (w)
Gruppe -e	-e (m/w) ➡	-i (m/w)

! Wenn das Adjektiv nach dem Verb *essere* vorkommt, wird es im Gegensatz zum Deutschen dem Substantiv angepasst.
Il ragazzo è alto. ➡ I ragazzi sono alti. *Der Junge ist groß. / Die Jungen sind groß.*
La ragazza è alta. ➡ Le ragazze sono alte. *Das Mädchen ist groß. / Die Mädchen sind groß.*

Adjektive 13

1. Suchen Sie das passende Adjektiv.

a L'aereo è un mezzo di trasporto …   1 carina.
b La boxe è uno sport …   2 stranieri.
c Carmen compra spesso vestiti …   3 violento.
d Nella mia classe ci sono due studenti …   4 famoso.
e Amo le città …   5 dolci.
f La ragazza di Giorgio è …   6 veloce.
g Bevo sempre bevande …   7 svizzere.
h Il Colosseo è un monumento …   8 costosi.

2. Vervollständigen Sie folgendes Schema.

Singular	Plural
la signora elegante	le signore _____
l'amico sincero	gli amici _____
la ragazza bionda	le ragazze _____
il film _____	i film interessanti
l'appartamento grande	gli appartamenti _____
la gonna _____	le gonne rosse
il tè _____	i tè caldi
la cravatta _____	le cravatte verdi

3. Wandeln Sie die Satzaussagen ins Gegenteil um. Folgen Sie dem Beispiel.

L'ufficio è aperto. → *L'ufficio è chiuso.*

a Il treno è veloce.   _____ .
b I maglioni sono grandi.   _____ .
c I caffè sono amari.   _____ .
d La casa è economica.   _____ .
e La signora è giovane.   _____ .
f I ragazzi sono alti.   _____ .
g Le gonne sono vecchie.   _____ .

4. Ergänzen Sie die Adjektive mit der richtigen Endung.

a A Milano e a Roma gli affitti sono car__ .
b Scusi, mi può aiutare? Cerco una poltrona comod__ ed economic__ .
c Il ragazzo di Tonia è simpatic__ e pure carin__ !
d Vivo a Napoli in una zona central__ .
e Ti piacciono le canzoni italian__ ?
f Mara indossa sempre vestiti elegant__ .
g Oggi Silvio porta una camicia ross__ .
h Stasera cucino un piatto cines__ .

14 Che bel quadro!
Was für ein schönes Bild!

Bello und buono

Regel In der Regel stehen Adjektive nach dem Substantiv (→ Kap. 13).
Die Adjektive bello und buono werden stattdessen häufig vor dem Substantiv gebraucht und ändern dabei ihre Form.

Bello wird nach dem Muster des bestimmten Artikels gebildet.

il quadro ➜ bel quadro	i quadri ➜ bei quadri	schönes Bild / schöne Bilder
l'albero ➜ bell'albero	gli alberi ➜ begli alberi	schöner Baum / schöne Bäume
lo studio ➜ bello studio	gli studi ➜ begli studi	schönes Arbeitszimmer / schöne Arbeitszimmer
la giacca ➜ bella giacca	le giacche ➜ belle giacche	schöne Jacke / schöne Jacken
l'idea ➜ bell'idea	le idee ➜ belle idee	schöne Idee / schöne Ideen

Buono wird im Singular nach dem Muster des unbestimmten Artikels gebildet, im Plural gilt das regelmäßige Bildungsschema der Adjektive der -o/-a Gruppe (Endungen: -i, -e).

un libro ➜ buon libro	buoni libri	gutes Buch / gute Bücher
un amico ➜ buon amico	buoni amici	guter Freund / gute Freunde
uno spumante ➜ buono spumante	buoni spumanti	guter Sekt / gute Sektsorten
una pizza ➜ buona pizza	buone pizze	gute Pizza / gute Pizzen
un'amica ➜ buon'amica	buone amiche	gute Freundin / gute Freundinnen

! Stehen bello und buono nach dem Substantiv (oft auch in Verbindung mit essere), verhalten sie sich wie Adjektive (→ Kap 13) mit den regelmäßigen Endungen -o, -a, -i, -e.

Il quadro è bello.	I quadri sono belli.	Das Bild ist schön. / Die Bilder sind schön.
L'idea è bella.	Le idee sono belle.	Die Idee ist schön. / Die Ideen sind schön.
Il caffè è buono.	I caffè sono buoni.	Der Kaffee ist gut. / Die Kaffees sind gut.
La pizza è buona.	Le pizze sono buone.	Die Pizza ist gut. / Die Pizzen sind gut.

Bello und buono 14

1. Verbinden Sie die linke mit der rechten Spalte zu sinnvollen Sätzen.

a Paola è una buon'
b Oggi fa bel
c Che bello
d Hai due bei
e Gina e Claudia sono buone
f Facciamo una bella
g Sì, sono contento, ho un buon
h Ehi Mario, hai un bell'

1 tempo
2 partita a carte?
3 orologio!
4 amica.
5 lavoro.
6 spettacolo!
7 gatti!
8 amiche.

2. Wandeln Sie die Ausdrücke um, indem Sie den Plural oder den Singular bilden. Folgen Sie dem Beispiel.

un bello scherzo — <u>*tanti begli scherzi*</u>

a molti begli animali — un _____
b una bella storia — tante _____
c tanti buoni consigli — un _____
d un buon aperitivo — due _____
e una bell'auto — due _____
f tanti bei bambini — un _____
g un buono studente — due _____

3. Vervollständigen Sie mit den Formen von bello.

a Che _____ festa! Grazie per l'invito.
b I tuoi stivali sono proprio _____ .
c In giardino ho due _____ alberi.
d Che _____ uomo! Sai come si chiama?
e Silvia ha tre _____ bambini.
f Lo zaino di Fabio è _____ , vero?
g Che _____ attrice! È italiana?
h Il signor Graziano ha un _____ cane, ma non ha il pedigree!

4. Vervollständigen Sie mit den Formen von buono.

a Ho una _____ ricetta per la zuppa di zucchine, la vuoi?
b _____ compleanno, Danilo! Quanti anni compi?
c Questo arrosto è proprio _____ . Complimenti!
d Sì, è una _____ idea! Andiamo al cinema.
e In questo ristorante i primi piatti sono veramente _____ .
f Stasera vengono a cena Lia e Tina, due _____ amiche di mio figlio.

39

15 Finalmente soli!
Endlich allein!

Adverbien: Bildung und eigene Formen

Regel Adverbien sind im Italienischen unveränderlich. Anders als im Deutschen unterscheiden sie sich in der Form von den Adjektiven: buono *(gut)* – bene *(gut)*. Sie dienen zur näheren Bestimmung eines Verbs, eines Adjektivs, eines ganzen Satzes oder eines anderen Adverbs (→ Kap. 16).

Finalmente soli!

Es gibt zwei Gruppen von Adverbien mit jeweils unterschiedlicher Formenbildung:

I. Gruppe: Die Adverbien auf -mente werden von Adjektiven abgeleitet und nach folgendem Muster gebildet:

- Bei Adjektiven auf -o/-a werden Adverbien von der weiblichen Form auf -a abgeleitet.
  chiaro ➡ chiara ➡ chiaramente *klar*
  lento ➡ lenta ➡ lentamente *langsam*

! Es gibt einige Sonderformen wie bene *(gut)* und male *(schlecht)*. Sie werden inhaltlich zwar von den Adjektiven buono *(gut)* bzw. cattivo *(schlecht)* abgeleitet, besitzen aber eine eigene Form (vgl. II. Gruppe der Adverbien).

- Bei Adjektiven auf -e wird -mente direkt angehängt.
  urgente ➡ urgentemente *dringend*
  felice ➡ felicemente *glücklich*

- Endet ein Adjektiv auf -le oder -re, entfällt der Endvokal -e bei der Bildung des Adverbs.
  finale ➡ finalmente *endlich*
  regolare ➡ regolarmente *regelmäßig*

II. Gruppe: Adverbien, die eine eigene Form besitzen und von keinem anderen Wort abgeleitet werden.
Beispiele sind: ieri *(gestern)*, oggi *(heute)*, di solito *(gewöhnlich)*, ancora *(noch)*, presto *(früh)*, forse *(vielleicht)*, troppo *(zu viel)*, volentieri *(gerne)* etc.

Adverbien: Bildung und eigene Formen   15

1. Entscheiden Sie, ob folgende Adverbien von Adjektiven mit Endung auf **-o/-a** oder auf **-e** abgeleitet werden, oder ob sie eine eigene Form haben. Tragen Sie sie in das passende Feld ein.

adesso — direttamente — poco — tardi — tranquillamente — debolmente — abbastanza — elegantemente — dolcemente — silenziosamente

-o/-a	-e	eigene Formen

2. Vervollständigen Sie folgendes Schema.

Adjektive	Adverbien
improvviso	_____
_____	rumorosamente
_____	specialmente
regolare	_____
breve	_____
generale	_____

3. Im Kasten sind waagerecht und senkrecht zehn Adverbien versteckt. Suchen Sie sie und schreiben Sie die deutsche Entsprechung auf.

S	O	T	T	O	M	A	P
P	L	O	N	T	A	N	O
E	À	B	R	E	I	C	C
S	E	M	P	R	E	O	O
S	A	D	E	N	T	R	O
O	G	G	I	L	I	A	N

_____ _____
_____ _____
_____ _____
_____ _____
_____ _____

4. Suchen Sie das Gegenteil. Verbinden Sie die linke mit der rechten Spalte.

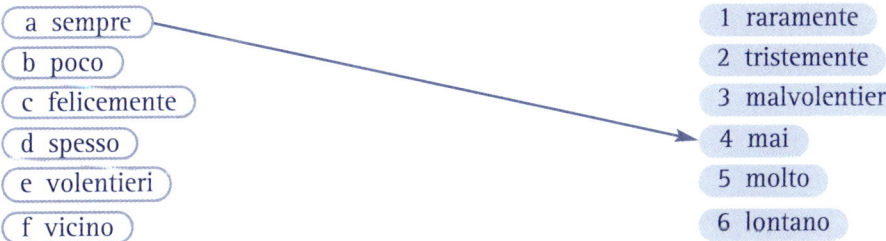

a sempre   1 raramente
b poco   2 tristemente
c felicemente   3 malvolentieri
d spesso   4 mai
e volentieri   5 molto
f vicino   6 lontano

16 A mio padre piace vivere pericolosamente.

Mein Vater liebt das gefährliche Leben.

Adjektiv oder Adverb?

Regel Adverbien können sich auf ein Verb, ein Adjektiv, einen ganzen Satz oder ein anderes Adverb beziehen. Adjektive hingegen beziehen sich auf Substantive.

A mio padre piace |vivere| **Adverb** pericolosamente.
Mein Vater liebt das gefährliche Leben. (wörtlich: Mein Vater mag gefährlich leben.)

Mio fratello non ama |gli sport| **Adjektiv** pericolosi. *Mein Bruder mag keine gefährlichen Sportarten.*

Ho un buon lavoro e una bella famiglia: sono |molto| **Adv.** felice.
Ich habe eine gute Arbeit und eine tolle Familie: Ich bin sehr glücklich.

Ho un buon lavoro e una bella famiglia: ho |molti| **Adj.** motivi per essere felice.
Ich habe eine gute Arbeit und eine tolle Familie: Ich habe viele Gründe, um glücklich zu sein.

Buono oder bene?

In Italia si |mangia| **Adv.** bene. *In Italien isst man gut.*

La |pasta| è **Adj.** buona. *Die Nudeln sind gut.*

Il |caffè| è **Adj.** buono, ma non |fa| **Adv.** bene allo stomaco.
Der Kaffee schmeckt gut, aber ist nicht gut für den Magen.

Adjektiv oder Adverb? 16

1. Verbinden Sie die linke mit der rechten Spalte zu sinnvollen Sätzen.

a Questo gelato è …   1 presto domani.
b Oggi non mi sento …   2 mi sa dire che ora è?
c C'è una banca …   3 tanto bene.
d I ragazzi devono alzarsi … 4 proprio fortunato!
e Mariella è veramente …   5 molto buono!
f Cortesemente …   6 qui vicino?
g Vinco spesso al lotto: sono … 7 una persona speciale!

2. Vervollständigen Sie die Sätze mit den unten stehenden Wörtern und kreuzen Sie an, ob die angegebenen Wörter Adjektive oder Adverbien sind.

| sempre belli volentieri molta inutile molto lontane |

		Adjektiv	Adverb
a	Se non piove l'ombrello è _____ .	☐	☐
b	Quando il tempo è bello faccio _____ una passeggiata.	☐	☐
c	Durante la settimana mi alzo _____ alle 7.00.	☐	☐
d	All'Oktoberfest si beve _____ birra.	☐	☐
e	I pantaloni che porti sono veramente _____ !	☐	☐
f	I cow-boy usano cappelli _____ larghi.	☐	☐
g	Purtroppo le vacanze estive sono ancora _____ !	☐	☐

3. Adjektiv oder Adverb? Fügen Sie die richtige Endung an.

a Eliana ha un lavoro particolar_____ .
b Lucio parla perfett_____ l'inglese e il francese.
c Stasera resto comod_____ a guardare la TV
d I signori Orsi vivono in una zona tranquill_____ .
e Andiamo rar_____ al cinema il fine settimana.
f Questo romanzo è ver_____ interessante.
g Ehi Giuliana, sei proprio elegant_____ oggi!
h Il babà e la pastiera sono dolci tipic_____ della cucina napoletana.

4. Buono/-a/-i/-e oder bene? Ergänzen Sie.

a A Roma il cappuccino è proprio _____ !
b In questo ristorante si mangia veramente _____ .
c Basta, non ti voglio più _____ !
d Allora, ci vediamo domani! – Va _____ !
e I tuoi figli sono belli e _____ .
f Dottor Vitale, Le faccio una _____ proposta.
g I film d'amore finiscono sempre _____ !
h Sono _____ le clementine? – Certo, signora, sono dolcissime.

17 Vogliamo ritornare in Francia?
Wollen wir wieder nach Frankreich?

Präpositionen in und a
Im Folgenden sind die wichtigsten Anwendungsregeln aufgeführt.

Regel

Die Präposition **in** wird verwendet:
- bei Orts- und Richtungsangaben (u. a. Ländernamen, Regionen, Kontinenten, einigen großen Inseln)
  Vogliamo ritornare in Francia?
  Wollen wir wieder nach Frankreich?
  in banca, in montagna, in chiesa
  zur / in die Bank, in die / den Bergen, in der / die Kirche
- bei Zeitangaben
  in primavera, in gennaio, nel 2004 *im Frühling, im Januar, (in) 2004*
- bei der Angabe von Verkehrsmitteln und in fest stehenden adverbialen Ausdrücken
  Andiamo in macchina o in treno? *Fahren wir mit dem Auto oder mit dem Zug?*
  Lo spettacolo comincia in orario. *Die Vorstellung fängt pünktlich an.*

* Silberne Hochzeit

Die Präposition **a** wird verwendet:
- bei Orts- und Richtungsangaben (u. a. Städten, kleinen Inseln)
  Ritorniamo a Parigi! *Lass uns wieder nach Paris fahren!*
  al bar, a casa, al cinema, al ristorante, a letto, al mare *in die / der Bar, zu / nach Hause, im / ins Kino, im / ins Restaurant, im / ins Bett, am / ans Meer*
- bei Angaben des indirekten Objekts (Frage: wem?)
  Scrivo una e-mail a Rossana. *Ich schreibe Rossana eine E-Mail.*
- bei Zeitangaben
  alle cinque, a mezzanotte, a Natale *um 5:00 Uhr, um Mitternacht, an Weihnachten*
- bei Angaben der Art und Weise und in fest stehenden adverbialen Ausdrücken
  la cravatta a righe, a piedi *die gestreifte Krawatte, zu Fuß*
- vor dem Infinitiv
  Non andiamo mai a ballare. *Wir gehen nie tanzen.*

! Wenn die Präpositionen **in** und **a** sich mit dem bestimmten Artikel verbinden, ergeben sich folgende Formen:

	il	lo	l'	la	i	gli	le
in	nel	nello	nell'	nella	nei	negli	nelle
a	al	allo	all'	alla	ai	agli	alle

17 Präpositionen in und a

1. Welche Präposition passt? Tragen Sie die Wörter in den passenden Sack ein.

Inghilterra, autunno, Africa, aereo, Ischia, Liguria, Sicilia, righe, Pasqua, Venezia, chiesa, banca

2. In oder a? Setzen Sie die richtige Präposition ein.
a Scusa, ma non ho tempo. Devo andare prima ___ biblioteca e poi subito ___ casa.
b Ma perché arrivi sempre ___ ritardo?
c ___ estate ho sempre voglia di andare ___ ballare.
d La prossima estate vogliamo fare un bel viaggio ___ macchina.
e Mio fratello lavora ___ Svizzera, ___ Ginevra.
f Bambini, è tardi! Andate ___ letto.
g Che fate ___ Capodanno?
h Domenica prossima volete fare una passeggiata ___ montagna?
i Allora, prendo la macchina. – No, andiamo ___ piedi!
j Aspetta un attimo, devo prima telefonare ___ Fabio.
k I miei genitori vogliono prenotare una vacanza di una settimana ___ Capri.
l Ti piace questo pullover ___ quadri?

3. Ergänzen Sie mit in + Artikel.
a _____ 2005 i miei nonni festeggiano le nozze d'oro.
b _____ casa accanto vivono delle persone veramente strane!
c Lavoro _____ studio legale di mio zio.
d Cinzia ama fare viaggi _____ paesi tropicali.
e _____ uffici postali si vendono i francobolli.
f Molti giovani universitari vanno a studiare _____ biblioteche specializzate.

4. Ergänzen Sie mit a + Artikel.
a Stasera ceniamo _____ ristorante.
b Ti telefono domani mattina _____ otto.
c Allora, andate _____ cinema?
d Signorina, può spedire questa lettera _____ avvocato Pinto?
e Quando lo dici _____ tuoi genitori che hai un nuovo lavoro?
f Dopo i corsi vado sempre _____ mensa.

18 Torno da mia madre!
Ich gehe zu meiner Mutter zurück!

Präpositionen di und da

Die Präpositionen di und da kommen in sehr unterschiedlichen Kontexten vor, u. a. zur Zeit- und Herkunftsangabe. Im Folgenden sind die wichtigsten Anwendungsregeln aufgeführt.

Regel Die Präposition di wird verwendet:
- bei Herkunftsangaben (mit essere)
  Sono di Milano. *Ich bin aus Mailand.*
- bei Zeitangaben
  Di sera rimaniamo sempre a casa. *Abends bleiben wir immer zu Hause.*
- bei Besitzangaben
  Il cane del nostro vicino abbaia continuamente. *Der Hund unseres Nachbarn bellt ständig.*
- bei Angaben über die Beschaffenheit und das Material von Dingen (Baustoff u. ä.)
  Cerco una camicetta di lino. *Ich suche eine Bluse aus Leinen.*
- bei Mengenangaben
  Un litro di latte, per favore. *Ein Liter Milch, bitte.*

Die Präposition da wird verwendet:
- bei Herkunftsangaben
  Vengo da Palermo. *Ich komme aus Palermo.*
- bei Orts- und Richtungsangaben (nur in Verbindung mit Personen)
  Torno da mia madre! *Ich gehe zu meiner Mutter zurück!*
- bei Zeitangaben (seit, ab, von)
  Ti aspetto da due ore! *Seit zwei Stunden warte ich auf dich!*
- bei Angaben des Zwecks
  occhiali da sole, camera da letto *Sonnenbrille, Schlafzimmer*

! Wenn die Präpositionen di und da zusammen mit dem bestimmten Artikel auftreten, ergeben sich folgende Formen:

	il	lo	l'	la	i	gli	le
di	del	dello	dell'	della	dei	degli	delle
da	dal	dallo	dall'	dalla	dai	dagli	dalle

Präpositionen di und da 18

1. **Bilden Sie Sätze.**
   a Partiamo con la nave — Napoli.
   b Il gatto siamese — pelle?
   c Porto i fiori in sala — mia zia.
   d La mia amica Mercedes è — Madrid.
   e Vorrei un chilo — patate, per piacere.
   f Ti piace la mia borsa — pranzo.
   g Luisa è malata — tre giorni.
   h Stasera ceniamo — Pietro scappa sempre!

   (da / di)

2. **Di oder da?** Setzen Sie die richtige Präposition ein.
   a Questi sono Kostantinos e Georgios, sono ___ Atene.
   b Noi veniamo ___ Cosenza, e voi?
   c Buongiorno! Può darmi due etti ___ mortadella?
   d ___ martedì comincio un nuovo lavoro.
   e Ci porta un'altra bottiglia ___ acqua minerale, per favore?
   f Posso provare quel pullover rosso ___ cotone che è in vetrina?
   g Mamma, stasera dormo ___ Roberto.
   h Non mi aspettate per cena, vado ___ Luigi a giocare a scacchi.
   i Il padre ___ Eleonora è direttore di banca.
   j ___ pomeriggio prendiamo sempre il tè con i biscotti.
   k ___ domani faccio jogging!
   l Il treno ___ Milano è in ritardo.

3. **Ergänzen Sie mit di + Artikel.**
   a La villa _____ vicini è proprio bella!
   b Il gioco _____ calcio piace, ora, anche agli americani.
   c Di dove sei? – Sono _____ provincia di Siena.
   d Il racconto _____ tue avventure è veramente interessante!
   e Mi puoi dare la ricetta _____ strudel?
   f Non ricordo il nome _____ amici di Valerio.

4. **Ergänzen Sie mit da + Artikel.**
   a _____ primo gennaio 2001 in Europa si usa l'euro.
   b Lavoro _____ 8.00 alle 16.00, e tu?
   c Questa estate vado in Inghilterra _____ miei zii.
   d Franz e Peter vengono _____ Austria.
   e _____ prossima settimana devo lavorare anche il sabato.
   f Puoi tradurre questa lettera _____ spagnolo?

19 Per te sono pronto a tutto!
Für dich bin ich zu allem bereit!

Präpositionen con, su, per, tra / fra

Regel

con – Die Präposition con wird in der Bedeutung von *mit* verwendet.
Stasera esco con Roberto.
  Heute Abend gehe ich mit Roberto aus.
Posso pagare con la carta di credito?
  Kann ich mit der Kreditkarte zahlen?

su – Die Präposition su wird für Orts- und Richtungsangaben verwendet.
Dov'è la bottiglia? – È su quel tavolo.
    Wo ist die Flasche? – Sie ist auf dem Tisch da.
A Natale andiamo sulle Dolomiti. *Zu Weihnachten fahren wir in die Dolomiten.*

per – Die Präposition per wird verwendet:
- in der Bedeutung von *für*
  Per te sono pronto a tutto. *Für dich bin ich zu allem bereit.*
- bei Richtungsangaben (mit dem Verb partire und mit Verkehrsmitteln)
  Domani partiamo per Roma. *Morgen fahren wir nach Rom.*
  il bus per Palermo *der Bus nach Palermo*
- bei Zeitangaben (Zeitdauer, Zeitpunkt)
  Avete una camera per due notti? *Haben Sie ein Zimmer für zwei Nächte?*
- bei Angaben des Zwecks (auch in Verbindung mit einem Infinitiv in der Bedeutung von *um … zu*)
  Vado in biblioteca per fare una ricerca. *Ich gehe in die Bibliothek, um eine Recherche zu machen.*

tra / fra – Die gleichbedeutenden Präpositionen tra / fra werden verwendet:
- in der Bedeutung von *zwischen*
  La banca si trova tra la farmacia e il bar. *Die Bank liegt zwischen Apotheke und Bar.*
- in der Bedeutung von *in* (zeitlich)
  Fra due anni mi sposo. *Ich heirate in zwei Jahren.*

! Wenn die Präposition su zusammen mit dem bestimmten Artikel auftritt, ergeben sich folgende Formen:

	il	lo	l'	la	i	gli	le
su	sul	sullo	sull'	sulla	sui	sugli	sulle

Präpositionen con, su, per, tra / fra — 19

1. Con oder su, mit oder ohne Artikel? Setzen Sie die richtige Präposition ein.
a Le escursioni _____ Etna sono pericolose.
b Voglio fotografare il panorama _____ la mia nuova macchina fotografica.
c Dove trovi queste notizie? – _____ una rivista specializzata.
d Venite _____ me al cinema domani?
e Vorrei un cornetto _____ la crema.
f Hai una macchia _____ scarpe. – Ah, è vero!

2. Per oder tra / fra? Setzen Sie die richtige Präposition ein.
a Il treno ___ Venezia viaggia con 15 minuti di ritardo.
b L'appuntamento dal dentista è ___ giovedì prossimo.
c Lo spettacolo inizia ___ due ore.
d Sabato i miei genitori partono ___ i Caraibi.
e ___ un anno vado in pensione.
f Salvatore scrive poesie d'amore ___ la sua ragazza, Paola.

3. Bringen Sie die Satzteile in die richtige Reihenfolge.

a vado   la mostra   vedere   di de Chirico   per   al museo
_____

b fra   gli studi   finisce   un anno   ~~Francesco~~
Francesco _____

c il telefonino   con   la carta di credito   pago
_____

d vista sul mare   vogliamo   ~~per~~   una camera   la luna di miele   con
Per _____

e l'Italia   il Mare Mediterraneo   c'è   e la Spagna   tra
_____

4. Ergänzen Sie mit der passenden Präposition (con, su, per, tra / fra).
a Ho bisogno di un costume _____ andare al mare.
b È sempre piacevole passare una serata _____ gli amici.
c _____ qualche giorno arriva un mio amico dalla Francia.
d Ho una sorpresa _____ te! – Davvero?
e Perché non andiamo a sciare _____ Alpi?
f Mi puoi prestare la tua macchina _____ un giorno?
g L'ufficio di mio padre si trova _____ la banca e l'ospedale.
h Devo prendere assolutamente il prossimo volo _____ Los Angeles.

20 È la decima volta che ci arriva questa offerta speciale.
Zum zehnten Mal bekommen wir dieses Sonderangebot.

*Was für eine Qual!

Grund- und Ordnungszahlen

Regel
- Die **Grundzahlen** sind männlich und normalerweise unveränderlich.
- Zero *(Null)*, milione *(Million)* und miliardo *(Milliarde)* besitzen eine Pluralform auf -i: due zeri *(zwei Nullen)*. Folgt auf milione und miliardo ein Substantiv, so muss die Präposition di eingefügt werden: tre milioni di abitanti *(drei Millionen Einwohner)*.
- Grundzahlen, die auf -tre enden, erhalten einen Akzent: trentatré
- Bei zusammengesetzten Zahlen mit uno und otto verliert die Zehnerzahl den Endvokal: vent(i) + uno ➡ ventuno; sessant(a) + otto ➡ sessantotto

0	zero	10	dieci	20	venti	30	trenta	101	centouno
1	uno	11	undici	21	ventuno	31	trentuno	102	centodue
2	due	12	dodici	22	ventidue	32	trentadue	200	duecento
3	tre	13	tredici	23	ventitré	40	quaranta	300	trecento
4	quattro	14	quattordici	24	ventiquattro	50	cinquanta	1000	mille
5	cinque	15	quindici	25	venticinque	60	sessanta	2000	duemila
6	sei	16	sedici	26	ventisei	70	settanta	10.000	diecimila
7	sette	17	diciassette	27	ventisette	80	ottanta	100.000	centomila
8	otto	18	diciotto	28	ventotto	90	novanta		
9	nove	19	diciannove	29	ventinove	100	cento		

- Die **Ordnungszahlen** sind Adjektive (➔ Kap. 13) und richten sich nach ihrem Bezugswort: il primo anno *(das erste Jahr)*, la decima volta *(das zehnte Mal)*.
- Die Ordnungszahlen bis zur Zahl 10 sind unregelmäßig. Ab der Zahl 11 wird an die Grundzahl die Endung -esimo angefügt, dabei entfällt der Endvokal der Grundzahl: vent(i) + -esimo ➡ ventesimo *(zwanzigste)*. Der Endvokal entfällt nicht bei Zahlen, die auf -tré enden: trentatré + -esimo ➡ trentatreesimo *(dreiunddreißigste)*.

1°	primo	4°	quarto	7°	settimo	10°	decimo
2°	secondo	5°	quinto	8°	ottavo	11°	undicesimo
3°	terzo	6°	sesto	9°	nono	12°	dodicesimo

Grund- und Ordnungszahlen 20

1. Im Kasten sind die angegebenen Grundzahlen senkrecht oder waagerecht versteckt. Suchen Sie sie.

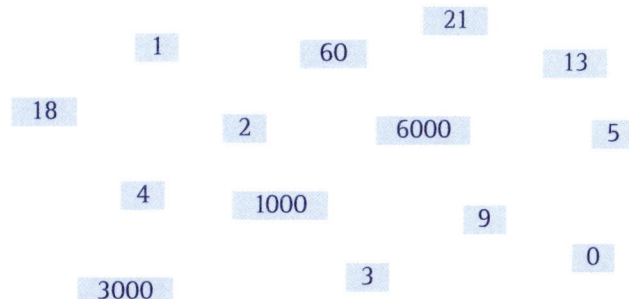

2. Schreiben Sie die Grundzahlen aus. Folgen Sie dem Beispiel.

    15 → *quindici*

a 58 → _____
b 125 → _____
c 8000 → _____
d 66 → _____
e 423 → _____
f 90 → _____

g 33 → _____
h 12 → _____
i 76 → _____
j 20.000 → _____
k 1992 → _____
l 3.000.000 → _____

3. Schreiben Sie die Ordnungszahlen aus. Folgen Sie dem Beispiel.

    diciannove → *diciannovesimo*

a trenta → _____
b dieci → _____
c cento → _____
d sette → _____
e due → _____
f cinquanta → _____

g diciotto → _____
h sei → _____
i mille → _____
j sedici → _____
k quattro → _____
l ventitré → _____

4. Übersetzen Sie folgende Ausdrücke.

a eine Million Euro   _____
b der dritte Stock   _____
c die ersten Worte   _____
d zwei Milliarden Menschen   _____
e die fünfte Querstraße   _____
f die ersten Freunde   _____

21 Sono le sette e venti.
Es ist zwanzig nach sieben.

Diego: Gemma, dove sei?
Sono le sette e venti.
Il film comincia
alle sette e mezza!
Gemma: Guarda che
io sono all'entrata
del cinema.

Uhrzeit und Datum

Regel Zur Angabe der **Uhrzeit** werden die Grundzahlen (→ Kap. 20) verwendet.

- Die volle Stunde wird mit sono le / è (l') + Stunde wiedergegeben.
  Sono le sette. / Sono le otto. *Es ist sieben Uhr. / Es ist acht Uhr.*
  Nur folgende Uhrzeiten werden im Singular angegeben:
  È mezzogiorno. / È l'una. / È mezzanotte. *Es ist Mittag. / Es ist ein Uhr. / Es ist Mitternacht.*

- Die Uhrzeit nach der vollen Stunde bis 20 Minuten vor der nächsten vollen Stunde wird wie folgt ausgedrückt: sono le / è (l') + Stunde + e + Minuten
  Sono le tre e un quarto. *Es ist Viertel nach drei.*
  Sono le sette e venti. *Es ist zwanzig nach sieben.*
  È l'una e mezzo / mezza. *Es ist halb zwei.*

- Ab 20 Minuten vor der nächsten vollen Stunde wird die Uhrzeit wie folgt wiedergegeben:
  sono le / è (l') + darauf folgende Stunde + meno + Minuten
  Sono le otto meno venti. *Es ist zwanzig vor acht.*
  È mezzanotte meno cinque. *Es ist fünf vor zwölf.*

! Bei offiziellen Zeitangaben (z. B. in Flughäfen oder Bahnhöfen) werden wie im Deutschen die 24 Stunden durchgezählt: 20.50 ➡ venti e cinquanta

Die Frage nach der Uhrzeit lautet: Che ora è? oder Che ore sono? *Wie spät ist es?*
Anstelle der deutschen Präposition *um* in Verbindung mit der Uhrzeit wird im Italienischen die Präposition a (+ Artikel, → auch Kap. 17) gebraucht.
A che ora comincia il film? *Um wie viel Uhr fängt der Film an?*
Il film comincia alle sette e mezza. *Der Film fängt um halb acht an.*

Das **Datum** wird mit den Grundzahlen (→ Kap. 20) ausgedrückt. Für den ersten Tag eines Monats verwendet man die Ordnungszahl primo *(erste)*.
Oggi è il dieci maggio. *Heute ist der zehnte Mai.*
Domani è il primo giugno. *Morgen ist der erste Juni.*

Will man sich nach dem Datum erkundigen, so kann man fragen Quanti ne abbiamo oggi? *(Der Wievielte ist heute?)* oder Che giorno è oggi? *(Welcher Tag ist heute?).*

Uhrzeit und Datum

1. Kreuzen Sie die richtige Form an.

a Sei ancora a letto! Sono … .
- ☐ le dieci
- ☐ mezzogiorno

b Che ore … ?
- ☐ è
- ☐ sono

c Renato arriva … cinque.
- ☐ all'
- ☐ alle

d … maggio è la festa dei lavoratori.
- ☐ L'uno
- ☐ Il primo

e È mezzanotte meno … .
- ☐ un quarto
- ☐ quarto

f … gennaio si festeggia l'Epifania.
- ☐ Il sei
- ☐ Il sesto

2. Vervollständigen Sie die Uhrzeiten mit e oder meno.

   (13.30)   *È l'una e mezza.*
a (13.45)   Sono le due _____ un quarto.
b (18.25)   Sono le sei _____ venticinque.
c (10.10)   Sono le dieci _____ dieci.
d (11.55)   È mezzogiorno _____ cinque.
e (20.40)   Sono le nove _____ venti.
f (00.12)   È mezzanotte _____ dodici.

3. Geben Sie die Uhrzeit an. Folgen Sie dem Beispiel.

   14.40 → *Sono le tre meno venti.*
a   9.10 → _____
b 12.30 → _____
c 23.50 → _____
d 11.18 → _____
e 17.35 → _____
f 12.40 → _____

4. Übersetzen Sie die Sätze.

a Welcher Tag ist heute?
b Es ist fünf nach halb sechs.
c Um wie viel Uhr fährt der Zug ab?
d Ich esse Mittag um ein Uhr.
e Heute ist der dritte Juli.
f Rosa steht um sieben Uhr auf.

22 Vorrei delle mele ...
Ich möchte Äpfel ...

Teilungsartikel bei unbestimmten Mengenangaben

Regel Um im Italienischen eine unbestimmte Menge auszudrücken, verwendet man den Teilungsartikel. Im Deutschen gibt es dafür keine Entsprechung. Die Formen werden durch die Zusammensetzung der Präposition di mit den bestimmten Artikeln gebildet.

Vorrei delle mele. Ich möchte Äpfel.
Ci può portare del pane? Können Sie uns (etwas) Brot bringen?

Singular		
del (di + il)	prosciutto	*Schinken*
dello (di + lo)	zucchero	*Zucker*
dell' (di + l')	olio (m)	*Öl*
della (di + la)	carne	*Fleisch*
dell' (di + l')	uva (w)	*Trauben*

Plural		
dei (di + i)	carciofi	*Artischocken*
degli (di + gli)	asparagi, spinaci	*Spargel / Spinat*
delle (di + le)	fragole	*Erdbeeren*

! Bei bestimmten Mengenangaben verwendet man die Präposition di, jedoch ohne Artikel.
Vorrei un chilo di mele. Ich möchte ein Kilo Äpfel.
Ci può portare una bottiglia di vino? Können Sie uns eine Flasche Wein bringen?

Teilungsartikel bei unbestimmten Mengenangaben 22

1. Ordnen Sie die Wörter dem entsprechenden Artikel zu.

| pane aranciata zafferano spumante fiori gnocchi pesce acqua aceto giornali pere pasta zucchini albicocche |

del	dello	dell'	della	dei	degli	delle

2. Beschreiben Sie, was in der Einkaufstasche ist. Benutzen Sie dabei die Teilungsartikel.

Che cosa c'è nella borsa della spesa?

3. Verwandeln Sie die bestimmten Mengenangaben in unbestimmte.

    un chilo di mele   *delle mele*
a un litro di birra
b mezzo chilo di funghi
c due pacchi di spaghetti
d un barattolo di ananas
e un litro di vino
f un vasetto* di yogurt
g due etti di mortadella
h una bottiglia di acqua minerale
i una scatola di cioccolatini

4. Ergänzen Sie mit **di** oder **di + Artikel**.
a Vorrei un barattolo _____ marmellata e _____ zucchero.
b Vado a comprare _____ salame per il picnic.
c Mi serve un set _____ coltelli.
d In cartoleria ci sono _____ buste da lettera colorate.
e Ha _____ zucchini freschi?
f Mi taglia un etto _____ prosciutto di Parma?
g Devo comprare _____ panna per il dolce.
h Buongiorno, vorrei un chilo _____ arance e anche _____ uva.

* kleines Glas

23 Allora mi ami!
Also liebst du mich!

Regel — **Direkte Objektpronomen (mi, me, ti, te ...)**
Die direkten Objektpronomen ersetzen ein direktes Objekt. Sie entsprechen den Akkusativpronomen im Deutschen. Man unterscheidet zwischen betonten und unbetonten direkten Objektpronomen.

Unbetonte direkte Objektpronomen (mi, ti, lo, la, La, ci, vi, li, le) stehen in der Regel vor dem konjugierten Verb.
Allora mi ami! *Also liebst du mich!*

Unbetonte direkte Objektpronomen können auch an eine Infinitivform angehängt werden. Dabei entfällt das -e der Infinitiv-Endung.
Ti voglio vedere. oder Voglio vederti.
Ich will dich sehen.

Das Verneinungswort non steht vor dem unbetonten Objektpronomen. Wenn das unbetonte Objektpronomen an einen Infinitiv angehängt wird, steht es wie üblich vor dem konjugierten Verb (→ Kap. 27).
Non mi ama. *Er liebt mich nicht.*   Non voglio vederti. *Ich will dich nicht sehen.*

Betonte direkte Objektpronomen (me, te, lui, lei, Lei, noi, voi, loro) stehen immer nach dem Verb und werden nicht an den Infinitiv angehängt. Man verwendet sie in Zusammenhang mit Präpositionen oder, um etwas hervorzuheben. Das Verneinungswort non steht vor dem konjugierten Verb.
Non possiamo venire da te stasera. *Wir können heute Abend nicht zu dir kommen.*
Amo solo te. *Ich liebe nur dich.*

	unbetont	betont			unbetont	betont	
Singular	mi	me	*mich*	Plural	ci	noi	*uns*
	ti	te	*dich*		vi	voi	*euch / Sie*
	lo	lui	*ihn*		li / le	loro	*sie (m/w)*
	la	lei	*sie*				
	La	Lei	*Sie (Sing.)*				

Lo und la können vor einem Vokal oder dem Anfangsbuchstaben h apostrophiert werden.
L'invito. *Ich lade ihn / sie ein.*

! Will man ein Objekt hervorheben, so stellt man es im Satz an erste Stelle und es folgt das betreffende unbetonte Objektpronomen.
La cioccolata la vuole con o senza panna? *Möchten Sie die Schokolade mit oder ohne Sahne?*

Direkte Objektpronomen (mi, me, ti, te …) 23

1. Beantworten Sie die Fragen. Folgen Sie dem Beispiel.

Vuoi il gelato?   Sì, lo voglio. / No, non lo voglio.
a Mi ami?   No, _____
b Rosa, mangi la frutta?   Sì, _____
c Vedi quell'uccello?   Sì, _____
d Ci venite a trovare?   No, _____
e Hai delle sigarette?   Sì, _____
f Scusi, mi può aiutare?   Sì, _____

2. Schreiben Sie die Geschichte um, indem Sie die unterstrichenen Wörter mit den passenden Objektpronomen an der richtigen Stelle ersetzen.

Luca e la bambola
Mi chiamo Chiara e ho 8 anni. Ho tanti giocattoli. Ho <u>i giocattoli</u> in una grande cesta. Amo soprattutto una bambola di pezza. Tutte le mie amiche vorrebbero avere <u>la bambola di pezza</u>. Io ho anche altre bambole, ma lascio <u>le bambole</u> sempre nella cesta perché non mi piacciono più. Ho un fratellino più piccolo, Luca. Io adoro <u>Luca</u> e gioco tutti i giorni con <u>Luca</u>. Prendiamo la mia bambola e giochiamo con <u>la bambola</u> per ore. Luca e la bambola, io amo solo <u>Luca e la bambola</u>!

3. Ergänzen Sie das betonte oder unbetonte Objektpronomen.
a Vado al cinema stasera. Vuoi venire con _____ ?
b Quel ragazzo ti sta guardando da due ore! – No, sta guardando _____ !
c Ogni volta che usciamo insieme, vediamo quell'uomo. Ma allora _____ segue!
d Mariella e Ludovico non possono venire alla festa. – Oh, mi dispiace per _____ !
e Ho una macchina nuova. Vuoi veder _____ ?
f Giovanni, _____ posso chiamare domani in ufficio?
g I signori Frasconi sono proprio noiosi. Non _____ sopporto!
h Cerco Raffaella da due giorni! – Perché cerchi proprio _____ ?

4. Verbinden Sie die linke mit der rechten Spalte.
a La pasta   1 la chiami tu o la chiamo io?
b Il caffè   2 lo bevo corretto.
c Gli esami   3 la mangiamo sempre volentieri.
d Le vacanze   4 le prendiamo ad agosto o a settembre?
e Nadia   5 non lo leggo mai.
f Il giornale   6 li vai a fare domani?
g Le scarpe   7 le compro sempre con i tacchi alti.

24 Ti porto una bibita.
Ich bringe dir ein Getränk.

Indirekte Objektpronomen (mi, a me, ti, a te ...)

Regel Die indirekten Objektpronomen (mi, a me, ti, a te etc.) ersetzen ein indirektes Objekt, das mit der Präposition a eingeleitet wird (z. B. a Maria, al dottore). Sie entsprechen dem Dativ im Deutschen.

indirektes Objekt	indirektes Objektpronomen
Regalo a Rocco un CD.	Gli regalo un CD.
Ich schenke Rocco eine CD.	*Ich schenke ihm eine CD.*

Man unterscheidet zwischen betonten und unbetonten indirekten Objektpronomen.

▸ **Unbetonte indirekte Objektpronomen** (mi, ti, gli, le, Le, ci, vi, gli) stehen gewöhnlich vor dem konjugierten Verb.

Ti porto una bibita.
Ich bringe dir ein Getränk.

Unbetonte indirekte Objektpronomen können auch an eine Infinitivform angehängt werden. Dabei entfällt das -e der Infinitiv-Endung. Das Verneinungswort non steht vor den unbetonten Objektpronomen. Wenn das unbetonte Objektpronomen an einen Infinitiv angehängt wird, steht non wie üblich vor dem konjugierten Verb (→ Kap. 27).

Eugenio mi può prestare la sua moto. oder
Eugenio può prestarmi la sua moto.
Eugenio kann mir sein Motorrad leihen.
Giuseppe non mi crede.
Giuseppe glaubt mir nicht.
Giuseppe non vuole credermi.
Giuseppe will mir nicht glauben.

▸ **Betonte indirekte Objektpronomen** (a me, a te, a lui, a lei, a Lei, a noi, a voi, a loro) stehen sowohl vor als auch nach dem Verb sowie vor dem Subjekt. Sie dienen der Hervorhebung. Das Verneinungswort non steht vor dem konjugierten Verb.

I colori pastello a te stanno molto bene. oder
A te i colori pastello stanno molto bene.
Pastellfarben stehen dir sehr gut.

A me questa storia non interessa.
Mich interessiert diese Geschichte nicht.

	unbetont	betont			unbetont	betont	
Singular	mi	a me	*mir*	Plural	ci	a noi	*uns*
	ti	a te	*dir*		vi	a voi	*euch / Ihnen*
	gli	a lui	*ihm*		gli	a loro	*ihnen*
	le	a lei	*ihr*				
	Le	a Lei	*Ihnen* (Sing.)				

Indirekte Objektpronomen (mi, a me, ti, a te …) 24

1. Verbinden Sie die linke mit der rechten Spalte zu sinnvollen Sätzen.

a Da quando vivo all'estero …
b Gli zii di Ada per il suo compleanno …
c Attenzione! Se non hai il biglietto …
d Quando viene Vincenzo …
e A noi piace …
f Signora, …

1 ti fanno una multa di 30 euro!
2 mi mancano la pizza e la pasta.
3 il nostro lavoro. A voi no?
4 Le porto qualcosa da bere?
5 le regalano ogni anno la stessa cosa!
6 gli faccio vedere il televisore nuovo.

2. Antworten Sie mit dem zutreffenden Objektpronomen wie im Beispiel.

Ti serve la bicicletta?   *Sì, mi serve. / No, non mi serve.*

a Ti piace il cinema di Fellini?   No, _____ .
b Allora, mi telefoni domani?   Sì, _____ .
c Mamma, ci prepari uno spuntino?   Sì, _____ dei tramezzini.
d Vi serve la macchina stasera?   No, _____ .
e A Maria regali un orologio per Natale?   Sì, _____ un orologio di Cartier.
f A Danilo dispiace se non vado alla sua festa?   Sì, _____ sicuramente moltissimo!

3. Wandeln Sie die Sätze um, indem Sie die unterstrichenen Wörter durch die passenden unbetonten indirekten Objektpronomen ersetzen.

Domani mando un fax <u>al dottor Fini</u>.   *Domani gli mando un fax.*

a Perché non spieghi <u>a me</u> come funziona il lettore DVD?   _____
b <u>A Enrico e Fabio</u> non interessa il calcio.   _____
c Signora Lusani, mi dispiace, <u>a Lei</u> non posso dare un aumento.   _____
d <u>A noi</u> il tecnico consiglia di comprare una lavatrice nuova.   _____
e <u>A voi</u> non manca niente, vero?   _____
f Perché <u>a te</u> non piace vedere la partita la domenica?   _____

4. Ergänzen Sie mit den betonten oder unbetonten Objektpronomen.

a Signora, ___ consiglio di mangiare meno dolci.
b Giulio, a me non piacciono proprio queste foto, e a ___ ?
c Luisa è molto triste perché sua madre non ___ permette di andare alla gita di classe!
d Ragazzi, a me non interessa proprio questo programma. A ___ ?
e Paolo, ___ dai una mano per favore? – Sì, papà, vengo subito.
f Vittorio e io ascoltiamo musica rap. Questo genere musicale ___ piace moltissimo.
g Avete sete? Possiamo offrir___ qualcosa da bere?
h Se vedi Giovanna ed Elpidio, ___ dici di chiamarmi urgentemente sul cellulare?

25 Gliela prendo.
Ich hole sie Ihnen.

* Gen-Banane

Zusammengesetzte Objektpronomen (me lo, te lo, glielo, gliela ...)

Regel ▸ So wie im Deutschen ist es auch im Italienischen möglich, verschiedene Pronomen zu kombinieren. Wenn ein unbetontes indirektes Objektpronomen (z. B. mi) und ein unbetontes direktes Objektpronomen (z. B. lo) aufeinander folgen, entstehen dabei folgende Formen:

	mi	ti	gli / le	Le	ci	vi
lo	me lo	te lo	glielo	Glielo	ce lo	ve lo
la	me la	te la	gliela	Gliela	ce la	ve la
li	me li	te li	glieli	Glieli	ce li	ve li
le	me le	te le	gliele	Gliele	ce le	ve le

▸ Im Gegensatz zum Deutschen steht im Italienischen normalerweise das indirekte Objektpronomen vor dem direkten Objektpronomen.
Gliela prendo. *Ich hole sie Ihnen.*

▸ Die indirekten Pronomen nehmen in der Kombination mit den direkten Pronomen neue Formen an: mi → me, ti → te, ci → ce, vi → ve
Me lo dai? *Gibst du es / ihn mir?*
Die Pronomen gli und le werden in Verbindung mit lo, la, li, le zusammengeschrieben und nehmen dabei die Form glie- an.
Glielo spieghi? *Erklärst du es ihm / ihr?*

▸ Stehen zusammengesetzte Objektpronomen in Verbindung mit einer Infinitivform, so können sie an den Infinitiv angehängt werden. Dabei entfällt das -e der Infinitivendung und die zusammengesetzten Objektpronomen werden zusammengeschrieben.
Non te lo posso dire. oder **Non posso dirtelo.** *Ich darf es dir nicht sagen.*
Glielo puoi spiegare tu, per favore? oder **Puoi spiegarglielo tu, per favore?**
Kannst du es ihm / ihr bitte erklären?

Zusammengesetzte Objektpronomen (me lo, te lo, glielo, gliela …) 25

1. Vervollständigen Sie mit den Pronomen.

> ve la   me le   Gliele   ce la   gliela   me li   te lo   glielo

a Hai delle belle scarpe. _____ presti per andare sabato alla festa?
b Quando compriamo il regalo a Sergio? – _____ compro io domani.
c Direttore, devo spostare la Sua macchina. Mi può dare le chiavi? _____ riporto subito.
d Mamma, ci racconti una favola? – Stasera _____ racconta papà.
e Devo scrivere una lettera ai miei amici di Sondrio. _____ scrivo oggi dopo il lavoro.
f Vi preparo una torta? – Sì! _____ fai con la crema?
g Che bel quadro! – Se vuoi _____ regalo.
h Fai sempre dei dolci squisiti, però non _____ fai assaggiare mai!

2. Wandeln Sie die Sätze um, indem Sie die unterstrichenen Wörter durch die zusammengesetzten Pronomen ersetzen.

Devo preparare la merenda ai ragazzi.   *Gliela devo preparare.*

a I nostri genitori ci regalano un cane.   _____
b Quando vi dobbiamo restituire la macchina?   _____
c Puoi prendere il cappotto a tua madre?   _____ ?
d Mi dai i soldi?   _____
e Adesso ti racconto una barzelletta.   _____
f Le posso consegnare i documenti domani?   _____

3. Verbinden Sie die linke mit der rechten Spalte zu sinnvollen Sätzen.

a Se non hai tempo, i libri …   1 ve lo offro io.
b Il vestito …   2 glieli regala papà per Natale.
c Amici, oggi il pranzo …   3 non può ripararcelo.
d Professore, la regola …   4 te li riporto io in biblioteca.
e Signora, le valigie …   5 me lo accorcia la sarta.
f Nonna, la spesa …   6 te la facciamo più tardi.
g Il tecnico dice che il televisore … 7 ce la può spiegare di nuovo?
h A mamma i guanti …   8 Gliele porto in camera.

4. Beantworten Sie die Fragen. Folgen Sie dem Beispiel.

Mi fai un tè?   *Sì, te lo faccio. / No, non te lo faccio.*

a Scusi, ci dà un'informazione?   Sì, _____ volentieri.
b Mi compri un litro di latte?   Certo, _____ più tardi.
c Dici a Luciana che la cerco?   Sì, se la vedo _____ .
d Ci fai provare i Rollerblade?   No, _____ !
e Mi presti 50 euro?   Certo, _____ se ti servono.
f Allora, ti compri queste scarpe?   Sì, _____ .

26 Ti piace?
Gefällt es dir?

* hier Stil

Das Verb piacere (mi piace / mi piacciono)

Regel
Das Verb piacere *(gefallen, mögen)* ist ein unregelmäßiges Verb, das meist unpersönlich gebraucht wird. Die Verbform hängt vom Substantiv ab, auf das sie sich bezieht. Steht das Substantiv in der Einzahl, wird die Form piace (3. Person Sing.) gebraucht. Steht das Substantiv in der Mehrzahl, wird piacciono (3. Person Pl.) gebraucht. Das Verb piacere steht immer in Verbindung mit einem indirekten Objekt oder Objektpronomen (mi, ti, gli …).

Substantiv im Singular ➡ piace

Ti piace il vestito? *Gefällt dir das Kleid?*
Il cappello mi piace. *Der Hut gefällt mir.*

Substantiv im Plural ➡ piacciono

I concerti non mi piacciono per niente. *Konzerte mag ich gar nicht.*
Vi piacciono le penne all'arrabbiata? *Mögt ihr Röhrennudeln mit „arrabbiata" Soße?*

Folgt dem Verb piacere ein Infinitiv, wird die Form piace (3. Person Sing.) gebraucht.

Infinitiv ➡ piace

A Giorgio piace sciare. *Giorgio fährt gerne Ski.*
Ci piace molto giocare a tennis. *Wir spielen sehr gerne Tennis.*

Das Verb piacere (mi piace / mi piacciono) 26

1. Bringen Sie die Wörter in die richtige Reihenfolge.

a piace – paesi – visitare – stranieri – ci _____
b Lia – a – piacciono – i gioielli – non _____
c la pittura – piace – a – lei – surrealista _____
d guidare di notte – mio fratello – piace – a _____
e non – la musica rock? – piace – ti _____

2. Tragen Sie die unten stehenden Elemente in die zutreffende Spalte ein.

Mi piace . . .

ballare il tango
le scarpe con i tacchi alti
i ragazzi muscolosi
suonare la batteria
cenare fuori
il vino rosso
il caffè corretto
il basket

Mi piacciono . . .

3. Fügen Sie die Formen von piacere ein.

a A me non _____ stirare. E a te?
b Flora è una ragazza sensibile, le _____ la musica e adora dipingere.
c Se vi _____ ballare, allora andiamo in discoteca!
d Non mi _____ le persone che pensano solo alla carriera.
e A Renato non _____ andare in vacanza da solo, gli _____ stare in compagnia.
f Ti _____ gli spaghetti alla carbonara?
g A noi _____ molto i thriller, a voi?
h Mio padre ama tutti gli sport. Gli _____ soprattutto la Formula 1.

4. Vervollständigen Sie die Sätze mit piacere und jeweils einer der unten stehenden Angaben.

leggere   l'italiano   i colori scuri e gli abiti lunghi   cucinare   il giardinaggio
il tennis e la pallavolo   viaggiare con i mezzi pubblici   guardare la TV

a Voglio regalare un libro di ricette alla mia ragazza perché le _____ .
b A Livia _____ , infatti ha una stanza piena di libri!
c Due miei amici vogliono fare un corso di lingua a Perugia: a loro _____ molto _____ .
d Mirella è una ragazza sportiva: a lei _____ .
e Per andare in ufficio prendo l'auto perché non mi _____ _____ .
f Mi _____ , così sembro più magra!
g A Gerardo _____ . Trascorre le ore a curare piante e fiori.
h Veronica e Guido sono veramente pigri. Gli _____ tutta la sera.

27 Non respiro.
Ich atme nicht.

Verneinung

Regel Die Verneinung wird durch no oder non ausgedrückt.

No entspricht dem deutschen *nein*, in einigen Fällen z. B. am Satzende wird es auch mit *nicht* wiedergegeben.
Vuoi un gelato? – No, grazie. *Möchtest du ein Eis? – Nein, danke.*
Vieni o no? *Kommst du oder kommst du nicht?*
Perché no! *Warum nicht!*

Beachten Sie folgende Ausdrücke:
Credo di no. *Ich glaube, nicht.*
Spero di no. *Ich hoffe, nicht.*

Non entspricht dem deutschen *nicht* und steht gewöhnlich vor dem konjugierten Verb.
Non respiro. *Ich atme nicht.*
Ida non ama cucinare. *Ida kocht nicht gerne.*
Kommen im Satz Reflexivpronomen oder unbetonte Objektpronomen (mi, ti, ci usw.) sowie zusammengesetzte Pronomen (me lo, te lo usw.) (→ Kap. 23, 24, 25) vor, steht non vor dem Pronomen. Das gilt nicht für betonte Objektpronomen (me, te usw.) sowie für Subjektpronomen (io, tu, lei usw.).
La domenica non ci alziamo presto. *Sonntags stehen wir nicht früh auf.*
Lei non lavora qui. *Sie arbeitet nicht hier.*

! Non kann man im Deutschen auch mit *kein/-e* wiedergeben.
Non ho tempo. *Ich habe keine Zeit.*
Non hai voglia di andare al cinema? *Hast du keine Lust ins Kino zu gehen?*

Verneinung 27

1. Bringen Sie die Wörter in die richtige Reihenfolge.

a non in ufficio andare posso ~~oggi~~   *Oggi* _____

b gli non lavare piace i piatti   _____

c Enrico pazienza ha non   _____

d non loro di qui sono   _____

e te li i miei CD presto non   _____

f di venire alla non voglia festa hanno   _____

2. Setzen Sie no oder non ein.
a Allora che fai, cambi lavoro? – Credo di _____ .
b La nostra insegnante _____ ha pazienza.
c Ti va di andare a teatro domenica prossima? – Perché _____ !
d Stasera _____ voglio cucinare. Andiamo a mangiare una pizza.
e Domani piove. – Speriamo di _____ !
f Le posso offrire un caffè? – _____ , grazie. _____ ho tempo.
g Beh, questo quadro vi piace o _____ ?

3. Übersetzen Sie.
a Wir haben keinen Hunger.
b Ich hoffe, nicht.
c Warum kommst du nicht zu mir?
d Gefällt Ihnen der Film nicht?
e Ich weiß es nicht.
f Umberto schreibt sich nicht an der Universität ein.

4. Verneinen Sie die Sätze.
a Rossana parla l'inglese.
b I miei genitori mi capiscono.
c Lei è italiano?
d Penso di sì.
e Oggi ho voglia di fare sport.
f Suo fratello lo aiuta con i compiti.
g Sì, grazie. Ho sete.
h Domani mi posso riposare.

28 Non si sente assolutamente niente.
Man spürt absolut nichts.

Mehrfache Verneinung

Regel Enthält ein Satz einen Negationsausdruck, z. B. niente *(nichts)*, so wird im Italienischen zusätzlich non verwendet.

Hier eine Liste der häufigsten Negationsausdrücke:

non ... niente / nulla	*nichts*	Non si sente niente.	*Man spürt nichts.*
non ... mai	*nie*	Non vado mai al cinema.	*Ich gehe nie ins Kino.*
non ... nessuno	*niemand*	Non conosco nessuno.	*Ich kenne niemanden.*
non ... più	*nicht / kein ... mehr*	Non partiamo più.	*Wir reisen nicht mehr ab.*
non ... né ... né	*weder ... noch*	Non so né cantare né suonare.	*Ich kann weder singen noch spielen.*
non ... neanche / nemmeno	*auch nicht / nicht einmal*	Non ci piace neanche / nemmeno la carne.	*Wir mögen auch kein Fleisch.*

! Non entfällt, wenn die Negationsausdrücke mai, niente, nessuno allein oder am Satzanfang stehen.

Quanto hai pagato il libro? – Niente, era in omaggio. *Was hast du für das Buch gezahlt? – Nichts, es war ein Werbegeschenk.*
Fumi? – Mai. *Rauchst du? – Nie.*
Nessuno mi capisce! *Niemand versteht mich!*

Mehrfache Verneinung 28

1. Bringen Sie die Wörter in die richtige Reihenfolge.

a prendo non ~~grazie~~ niente
   _____, grazie.

b ~~Gina~~ né né sono belle simpatiche e non Marcella
   Gina _____

c domani non ~~da~~ più lavoriamo
   Da _____

d mai fanno sport non
   _____

e crede mi nessuno
   _____

2. Vervollständigen Sie mit **niente, mai, nessuno, più, né … né** und **nemmeno**.

a Oggi non c'è _____ a scuola.
b Mi dispiace, non ti posso dire _____ .
c Valerio, abiti vicino a casa mia, ma non ci vediamo _____ !
d Non mangiate _____ carne _____ pesce?
e Basta! Non ti voglio _____ _____ vedere.
f Studi l'inglese da due anni e non dici _____ _____ una parola?

3. Übersetzen Sie.

a Ich treffe mich mit niemandem.   _____
b Er frühstückt nie.   _____
c Wir haben keinen Hunger mehr.   _____
d Hier sieht man nichts.   _____
e Sie wollen weder studieren noch arbeiten _____
f Warum macht ihr nie Urlaub?   _____

4. Verneinen Sie die Sätze. Achten Sie darauf, dass nicht nur das Verb, sondern auch die Aussage des Satzes verneint wird.

   Ho tempo e quindi vado anche a messa.   <u>Non ho tempo e quindi non vado neanche a messa.</u>

a Carla si alza sempre presto.   _____
b Mi piace ballare e cantare.   _____
c Mia figlia parla con tutti.   _____
d Domani possiamo andare a teatro
   e a cena fuori.   _____
e Hai ancora voglia di giocare a carte?   _____
f Navigate sempre su Internet?   _____

Kapitel 13–28

Wählen Sie die richtige Form.

Adjektive und Adverbien

1. Marco compra solo macchine … .
   a) ☐ italiani
   b) ☐ italiane

2. Il ragazzo di Flora è … .
   a) ☐ svedese
   b) ☐ svedesi

3. Che … cappello!
   a) ☐ bello
   b) ☐ bel

4. Carlo è un … amico.
   a) ☐ buon
   b) ☐ buono

5. Perché bevi così … ?
   a) ☐ velocemente
   b) ☐ specialmente

6. Gino è un ragazzo … .
   a) ☐ particolarmente
   b) ☐ particolare

7. Oggi mi sento proprio … !
   a) ☐ buono
   b) ☐ bene

Präpositionen

8. L'anno prossimo vogliamo andare … Turchia.
   a) ☐ in
   b) ☐ a

9. Stasera restate … casa?
   a) ☐ a
   b) ☐ alla

10. Raffaele è … Perugia.
    a) ☐ di
    b) ☐ da

11. Vado … fruttivendolo.
    a) ☐ al
    b) ☐ dal

12. Verona si trova … Milano e Venezia.
    a) ☐ con
    b) ☐ tra

13. Faccio jogging … dimagrire.
    a) ☐ su
    b) ☐ per

Zahlen

14. 376
    a) ☐ trecentosettantasei
    b) ☐ trecentosessantasette

15. Laura e Sandro abitano al … piano.
    a) ☐ quinto
    b) ☐ quinta

Uhrzeit und Datum

16. 18.45
    a) ☐ Sono le sei e un quarto.
    b) ☐ Sono le sette meno un quarto.

17. Oggi è … ottobre.
    a) ☐ uno
    b) ☐ il primo

Teilungsartikel

18. Vorrei un chilo … pere.
    a) ☐ di
    b) ☐ delle

Kapitel 13–28

19. Dobbiamo comprare ... zucchero.
    a) ■ –
    b) ■ dello

Pronomen
20. Compri il giornale?
    a) ■ Sì, lo compro.
    b) ■ Sì, li compro.

21. Gianfranco non ... ama!
    a) ■ mi
    b) ■ me

22. Mi presti 50 euro?
    a) ■ No, non ti presto più niente!
    b) ■ No, non vi presto più niente!

23. ... do il mio indirizzo e-mail, se vuole.
    a) ■ Le
    b) ■ Lei

24. Quando ti portano i mobili nuovi?
    a) ■ Glieli portano domani.
    b) ■ Me li portano domani.

25. Allora, Luigi regala un cane ai bambini?
    a) ■ No, non vuole regalarglieli.
    b) ■ No, non vuole regalarglielo.

Das Verb piacere
26. Vi ... i quadri di Modigliani?
    a) ■ piace
    b) ■ piacciono

27. Non mi ... pescare.
    a) ■ piace
    b) ■ piacciono

Verneinung
28. Fumi? – ... !
    a) ■ No
    b) ■ Non

29. Mi dispiace, ... ho tempo.
    a) ■ no
    b) ■ non

30. Perché ... parli mai?
    a) ■ –
    b) ■ non

Vergleichen Sie nun Ihre Lösungen mit dem Schlüssel auf S. 153. Wenn Sie Aufgaben nicht richtig gelöst haben, wiederholen Sie noch einmal das betreffende Kapitel. Diese Tabelle zeigt Ihnen, auf welches Kapitel sich die einzelnen Aufgaben beziehen.

Aufgabe	Kapitel	Aufgabe	Kapitel
1	13	16	21
2	13	17	21
3	14	18	22
4	14	19	22
5	15	20	23
6	16	21	23
7	16	22	24
8	17	23	24
9	17	24	25
10	18	25	25
11	18	26	26
12	19	27	26
13	19	28	27
14	20	29	27
15	20	30	28

TEST 2

29 Non ci credo proprio!
Ich glaube überhaupt nicht daran!

Gebrauch von ci

Regel Das Pronominaladverb **ci** wird gebraucht, um adverbiale Konstruktionen oder Ergänzungen, die von Präpositionen eingeleitet sind, nicht zu wiederholen.

Man kann **ci** verwenden,
- um eine bereits erwähnte Orts- oder Richtungsangabe zu ersetzen. Ci bedeutet in diesem Fall *dort / dorthin* und steht normalerweise vor dem konjugierten Verb.
  Andate spesso in Inghilterra? – Ci andiamo ogni anno. *Fahrt ihr oft nach England? – Wir fahren jedes Jahr dorthin.*
  Vieni da Marco stasera? – No, non ci vengo. *Kommst du zu Marco heute Abend? – Nein, ich komme nicht.*
- um Ergänzungen zu ersetzen, die von den Präpositionen **a**, **in**, **su** und **con** eingeleitet werden. Ci bedeutet je nachdem *daran*, *darauf*, *damit* usw. und steht gewöhnlich vor dem konjugierten Verb.
  Non credi alle superstizioni? – No, non ci credo. *Bist du nicht abergläubisch?* (wörtlich: *Glaubst du nicht an den Aberglauben?*) – *Nein, ich glaube nicht daran.*
  Come va con Serena? – Male. Ci litigo continuamente. *Wie läuft es mit Serena? – Schlecht. Ich streite ständig mit ihr.*

! Wenn Orts- und Richtungsangaben bzw. Ergänzungen betont werden, stehen sie am Satzanfang und **ci** folgt.
In Inghilterra ci andiamo ogni anno. *Nach England fahren wir jedes Jahr.*
Con mia madre non ci esco mai. *Mit meiner Mutter gehe ich nie aus.*

In der Umgangssprache verwendet man zur Intensivierung vom Verb **avere** oft auch **ci**.
In Verbindung mit den direkten Pronomen wird dann **ci** zu **ce**.
Ha una sigaretta? – Sì, ce l'ho. *Haben Sie eine Zigarette? – Ja, habe ich.*
Hai ancora la moto? – No, non ce l'ho più. *Hast du das Motorrad noch? – Nein, ich habe es nicht mehr.*

Gebrauch von ci 29

1. Beantworten Sie die Fragen. Folgen Sie dem Beispiel.

Allora, vai dai nonni?   Sì, ci vado. / No, non ci vado.
a Pensi tu al regalo per Rosa?   Sì, _____ io!
b Allora, vai dal dentista?   Sì, _____ domani pomeriggio.
c Lavora ancora in banca?   No, _____ più.
d Domenica venite allo stadio con noi?   No, _____ . Dobbiamo studiare!
e Scusi, ha un fazzoletto di carta?   No, _____ , mi dispiace.
f Credi nell'amore vero?   No, _____ .

2. Wandeln Sie die Sätze um. Folgen Sie dem Beispiel.

Vado a Zurigo.   Ci vado.
a Penso spesso al passato.   _____
b Bianca litiga sempre con Isabella.   _____
c Domani torno a casa.   _____
d Potete contare sul nostro appoggio.   _____
e Qualche volta pensate alla morte?   _____
f I genitori di Livio non credono in Dio.   _____
g Quando vai in palestra?   _____

3. Vervollständigen Sie die Sätze mit ci und mit dem passenden Verb.

~~scommettere~~   rinunciare   andare   giocare   andare d'accordo
tornare   contare   credere

Sara non viene alla festa. *(io) Ci scommetto!*
a Mimmo è un tipo difficile. Nessuno _____ .
b Non leggo mai l'oroscopo. Non _____ .
c A ballare *(noi)* _____ sabato. D'accordo?
d Cristiano e Luca conoscono Madrid benissimo, ma _____ sempre volentieri.
e Wanda è una vera amica. Sul suo aiuto ___ posso sempre _____ .
f È un'offerta unica! Non ___ devi _____ !
g I miei figli hanno un sacco di giocattoli, ma non _____ mai!

4. In welchen Sätzen sollten Sie ci oder ce gebrauchen? In welchen nicht? Ergänzen Sie wo nötig.

a Pensi ancora alla storia con Fabio? – Oh sì, ___ penso sempre!
b Cosa facciamo sabato? – ___ andiamo in discoteca!
c Giorgio vive sempre a Palermo? – No, adesso ___ vive a Torino.
d Ti piace la mia nuova macchina fotografica? ___ faccio delle foto bellissime!
e Ha il telefonino?   Sì, ___ l'ho.
f Lorenzo e Federica vanno sempre al mare, ma quest'anno ___ vanno in montagna.
g Sì, sono fatalista. Credo nel destino. E tu ___ credi?
h Quando vai dall'avvocato? – ___ vado mercoledì.

30 Anche io ne voglio uno!
Ich will auch eins!

Gebrauch von ne

Regel Ne steht normalerweise vor dem konjugierten Verb und wird verwendet,

- um eine Teilmenge eines bereits erwähnten Begriffs auszudrücken. Die Übersetzung *davon* ist im Deutschen möglich, aber nicht notwendig.

▲ Ti piace il mio piercing? ▲ Gefällt dir mein Piercing?
● Sì, anche io ne voglio uno! ● Ja, ich will auch eins!

▲ Ha dei panini? ▲ Haben Sie Brötchen?
● Quanti ne vuole? ● Wie viele möchten Sie?

▲ Vuoi un liquore? ▲ Willst du einen Likör?
● Sì, grazie, ma ne prendo solo un po'. ● Ja, bitte, aber ich nehme nur ein bisschen.

- um Ergänzungen zu ersetzen, die von der Präposition *di* eingeleitet werden. *Ne* wird dann mit *davon, darüber, dazu* usw. übersetzt.

▲ Sai se Giulia lavora ancora in ospedale? ▲ Weißt du, ob Giulia noch im Krankenhaus arbeitet?
● No, non ne so niente. ● Nein, ich weiß nichts davon.
  (= Non so niente di questa cosa.)

Il sindaco ha un'amante. *Der Bürgermeister hat eine Geliebte.*
  Ne parlano tutti in città! *Alle sprechen darüber in der Stadt!*
  (= Di questa cosa tutti parlano in città.)

Ti piace la mia nuova pettinatura? *Gefällt dir meine neue Frisur?*
  Che ne dici? *Was sagst du dazu?*
  (= Cosa dici della mia nuova pettinatura?)

Gebrauch von ne 30

1. Verbinden Sie die Dialogteile.

a Quanti caffè bevete?
b Quanti anni ha il ragazzo di Ornella?
c Ti piace la cioccolata?
d Ti va di giocare a ping-pong?
e Guido e Orsola si sposano.
f Ho un problema!
g Vuole un altro po' di torta?
h Noi abbiamo due figli, e voi?

1 Sì, grazie. Ne prendo un'altra fetta.
2 No, oggi non ne ho proprio voglia.
3 Veramente! Ma ne sei sicuro?
4 Noi ne abbiamo solo uno.
5 Ne vuoi parlare?
6 Oh, sì! Ne mangio molta quando sono depressa!
7 Ne beviamo almeno dieci al giorno!
8 Ne ha 42!

2. Wandeln Sie die Sätze um, indem Sie ne verwenden.

Bevo mezzo litro di latte al giorno. *Ne bevo mezzo litro al giorno.*
a Sì, sono contento del mio nuovo lavoro. _____
b Vuole un altro bicchiere di vino? _____
c Vorrei un chilo di pere. _____
d Sei convinto della tua decisione? _____
e Mio padre conosce alcuni miei amici. _____
f Nessuno parla di questa storia! _____

3. Vervollständigen Sie die Sätze mit ne und mit dem passenden Verb.

| mangiare | avere | trovare | comprare | avere | dire | ~~essere~~ | volere |

Mio figlio ha un nuovo lavoro e *ne è* molto fiero.
a Quando vado al supermercato cerco sempre lo sherry, ma non _____ mai nemmeno una bottiglia!
b Signori, ho dell'ottimo prosciutto di Parma, _____ ?
c Mi puoi restituire la borsa? *(io)* _____ bisogno.
d La frutta non mi piace molto, _____ poca.
e Marta, se il fruttivendolo ha gli avocado, _____ un paio?
f Dobbiamo telefonare a Rita, ti ricordi? Uffa, non _____ voglia!
g Ragazzi, domenica vogliamo andare a sciare? Che _____ ?

4. In welchen Sätzen sollten Sie ne gebrauchen? In welchen nicht? Ergänzen Sie wo nötig.

a Hai il cellulare? – Sì, ___ ho due!
b Ma quante sigarette fuma tuo padre? – ___ fuma due pacchetti al giorno!
c Basta con il calcio! ___ parlate da ore!
d Che belle fragole! ___ le compriamo?
e Hai notizie di Letizia? – Purtroppo non ___ so niente.
f Mio zio fa un vino eccellente. Io ___ lo bevo sempre volentieri.
g Ho bisogno di aiuto! – Scusa, ora non ho tempo. ___ possiamo parlare più tardi?

31 Chi è questa?
Wer ist die hier?

Questo (Adjektiv und Pronomen)

Regel Questo *(dieser/-e/-es, das)* ist ein Demonstrativadjektiv und -pronomen.
Es kann entweder Substantive begleiten

* Dummkopf

(als Adjektiv) oder sie ersetzen (als Pronomen). Questo bezieht sich auf Sachen oder Personen, die sich sowohl zeitlich als auch räumlich in unmittelbarer Nähe des Sprechers befinden (im Unterschied zur größeren Entfernung bei quello → Kap. 32). In der Zahl und im Geschlecht richtet sich questo nach seinem Bezugswort.
Eine mögliche deutsche Übersetzung für questo ist *das hier*, im Gegensatz zu quello, *das dort*.

Formen

	Singular	Plural
männlich	questo	questi
weiblich	questa	queste

Questo als Demonstrativadjektiv steht vor einem Substantiv.

Questo libro è molto interessante. *Dieses Buch ist sehr interessant.*
Chi è questa donna? *Wer ist diese Frau?*
Ti piacciono questi pantaloni a righe? *Gefällt dir diese gestreifte Hose?*
Queste scarpe sono troppo care! *Diese Schuhe sind zu teuer!*

! Vor Substantiven, die mit einem Vokal beginnen, können questo und questa auch mit Apostroph geschrieben werden: quest'orologio *(diese Uhr)*, quest'isola *(diese Insel)*.
Die Pluralformen questi, queste werden hingegen nie apostrophiert: questi orologi *(diese Uhren)*, queste isole *(diese Inseln)*.

Questo als Demonstrativpronomen ersetzt ein Substantiv.

Questo |libro| è molto interessante. → |Questo| è molto interessante.
Dieses Buch ist sehr interessant. *Das hier ist sehr interessant.*

Chi è questa |donna|? → Chi è |questa|?
Wer ist diese Frau? *Wer ist die hier?*

Ti piacciono questi |pantaloni| a righe? → Ti piacciono |questi| a righe?
Gefällt dir diese gestreifte Hose? *Gefällt dir die Gestreifte?*

Queste |scarpe| sono troppo care! → |Queste| sono troppo care!
Diese Schuhe sind zu teuer! *Diese sind zu teuer!*

Questo (Adjektiv und Pronomen) 31

1. Ordnen Sie die Wörter dem passenden Feld zu.

2. Vervollständigen Sie folgendes Schema.

Singular	Plural
questo signore	_____ signori
_____ signora	queste signore
_____ albero	questi alberi
questa notizia	_____ notizie
_____ idea	queste idee
questo cameriere	_____ camerieri

3. Bringen Sie die Wörter in die richtige Reihenfolge.

a   per   regalo   te   questo   è
_____.

b   molto   questa   è   pesante   borsa
_____!

c   questa   bella   è   sorpresa   una
_____!

d   di pelle   questi   costano   quanto
_____?

e   ti   a quadri   piacciono   queste
_____?

4. Ergänzen Sie die Sätze mit den Formen von questo und kreuzen Sie an, ob es sich um ein Adjektiv (A) oder ein Pronomen (P) handelt.

                                                    A   P

a   _____ spaghetti ai frutti di mare sono eccezionali! Come li fai?
b   Perché porti ancora _____ vestito così vecchio?
c   Vuole provare il cappotto nero? – No, vorrei provare _____ marrone.
d   _____ estate andiamo in vacanza a Cuba.
e   _____ albicocche sono proprio buone!
f   Che belli gli occhiali di Dolce e Gabbana! – A me piacciono _____ di Krizia.
g   Quale matita vuoi? – _____ blu.
h   _____ scarpe sono belle e comode.

32 Quella è mia sorella!
Die da ist meine Schwester!

Regel

Quello (Adjektiv und Pronomen)

Quello *(jener/-e/-es; der / die / das dort)* ist wie questo im vorherigen Kapitel sowohl Demonstrativadjektiv als auch -pronomen. Im Gegensatz zu questo bezieht sich quello auf Sachen oder Personen, die weiter entfernt vom Sprecher sind. Quello richtet sich in Zahl und Geschlecht nach seinem Bezugswort.

* Ich kann sie nicht ausstehen!

Quello als Demonstrativadjektiv steht vor einem Substantiv. Seine Formen (quel, quell', quello, quella, quei, quegli, quelle) sind vom bestimmten Artikel abzuleiten.

		Singular		Plural	
männl.	il ragazzo ➡	quel ragazzo *der Junge da*	i ragazzi ➡	quei ragazzi *die Jungen da*
	l'albero ➡	quell'albero *der Baum da*	gli alberi ➡	quegli alberi *die Bäume da*
	lo studente ➡	quello studente *der Student da*	gli studenti ➡	quegli studenti *die Studenten da*
weibl.	la ragazza ➡	quella ragazza *das Mädchen da*	le ragazze ➡	quelle ragazze *die Mädchen da*
	l'isola ➡	quell'isola *die Insel da*	le isole ➡	quelle isole *die Inseln da*

Quello als Demonstrativpronomen ersetzt ein Substantiv und hat folgende Formen:

	Sing.	Plural
männl.	quello	quelli
weibl.	quella	quelle

Ti piace quel ragazzo ? ➡ Quello è mio fratello.
Gefällt dir der Junge da? *Der da ist mein Bruder.*

La conosci quella ragazza ? ➡ Quella è mia sorella.
Kennst du die junge Frau da? *Die da ist meine Schwester.*

Chi sono quei bambini ? ➡ Quelli sono i figli di Marta.
Wer sind die Kinder da? *Die da sind die Söhne von Marta.*

Chi sono quelle bambine ? ➡ Quelle sono le figlie di Gina.
Wer sind die Kinder da? *Die da sind die Töchter von Gina.*

! Sie haben bestimmt bemerkt: Die Formen von quello unterscheiden sich je nachdem, ob quello Adjektiv oder Pronomen ist.

Quello (Adjektiv und Pronomen) 32

1. Ordnen Sie die Wörter dem passenden Feld zu.

stadi — libri — etichette — casa — scarpe — spumante — bicchieri — armadio — signore — parco — olio — scherzo — spettacoli — giacca

quel	quell'	quello	quella	quei	quegli	quelle

2. Vervollständigen Sie folgendes Schema.

Singular	Plural
quella sorpresa	_____ sorprese
_____ emozione	quelle emozioni
quello zaino	_____ zaini
quel gatto	_____ gatti
_____ nome	quei nomi
_____ sport	quegli sport

3. Ergänzen Sie die Sätze mit quel, quell', quello, quella, quei, quegli oder quelle.

a Ti piace _____ bicicletta in esposizione? È una mountain bike.
b Vorrei provare _____ vestito che è in vetrina.
c _____ ragazzi li conosco. Non sono gli amici di Giacomo?
d Che ne dici di _____ zaino tutto colorato?
e Leggete ancora _____ storie di fantascienza?
f _____ orologio è molto bello, però è caro!
g Quanto costano _____ stivali?
h _____ orchidea è fantastica! La compro.

4. Adjektiv oder Pronomen? Ergänzen Sie die Sätze mit den passenden Formen von quello.

a Prendo la gonna verde e anche _____ a quadri.
b Vuoi il gelato al caffè o _____ al limone?
c _____ amica di Enrico è insopportabile! – Chi? Lucia?
d Quant'è brutto _____ tipo ... – _____ è mio cugino!
e Che carini _____ gatti! Mamma, me ne compri uno?
f Preferite i tortellini al prosciutto o _____ al formaggio?
g Vorrei provare _____ scarpe che sono in vetrina. – _____ nere?
h Posso vedere _____ orecchini con le perle?

33 Forse i bambini hanno tolto un pezzo ...
Vielleicht haben die Kinder etwas abmontiert ...

Passato prossimo: Formen

Regel

Das passato prossimo ist eine Zeitform der Vergangenheit, die mit dem deutschen Perfekt vergleichbar ist.

Das passato prossimo wird aus dem Präsens der Hilfsverben avere bzw. essere und dem Partizip Perfekt des Hauptverbs gebildet.

Forse i bambini hanno tolto un pezzo ...

Beim passato prossimo mit avere bleibt das Partizip Perfekt unverändert.

Beim passato prossimo mit essere hingegen wird das Partizip Perfekt in Geschlecht und Zahl dem Subjekt angeglichen.

Präsens von avere		Partizip Perfekt
(io)	ho	
(tu)	hai	
(lui, lei, Lei)	ha	parlato
(noi)	abbiamo	
(voi)	avete	
(loro)	hanno	

Präsens von essere		Partizip Perfekt
(io)	sono	
(tu)	sei	partito/-a
(lui, lei, Lei)	è	
(noi)	siamo	
(voi)	siete	partiti/-e
(loro)	sono	

Forse i bambini hanno tolto un pezzo.
Vielleicht haben die Kinder etwas abmontiert.
Lia e Paolo hanno comprato un'auto.
Lia und Paolo haben ein Auto gekauft.

Rosa è andata a Londra l'anno scorso.
Rosa ist letztes Jahr nach London gefahren.
Laura e Carlo sono usciti insieme.
Laura und Carlo sind zusammen ausgegangen.

! Im Gegensatz zum Deutschen stehen im Italienischen das Hilfsverb und das Partizip Perfekt üblicherweise zusammen. Will man etwas verneinen, so stellt man non vor das Hilfsverb.
Pietro non è andato al lavoro oggi. *Pietro ist heute nicht in die Arbeit gegangen.*

Das Partizip Perfekt wird gebildet, indem an den Infinitivstamm der Verben auf -are, -ere und -ire die Endungen -ato, -uto, -ito angehängt werden.

guardare	➡	guardato	*gesehen*
credere	➡	creduto	*geglaubt*
sentire	➡	sentito	*gehört*

Viele Verben, meistens auf -ere, bilden das Partizip Perfekt unregelmäßig (→ Anhang): z. B. chiudere ➡ chiuso *(geschlossen)*, togliere ➡ tolto *(abgenommen)* etc.

Passato prossimo: Formen

1. Ordnen Sie die Partizipien dem passenden Behälter zu.

2. Vervollständigen Sie folgendes Schema, vergleichen Sie bei Bedarf auch die Liste im Anhang.

Infinitiv	Partizip
cominciare	_____
_____	finito
_____	rimasto
leggere	_____
capire	_____
_____	vinto
perdere	_____
_____	andato

3. Setzen Sie die passende Endung des Partizips ein.
a Per la festa ho preparat__ un sacco di cose buone!
b Rocco e Cristina sono stat__ una settimana a Ibiza.
c Ieri Isabella è andat__ all'opera a vedere la Tosca.
d Abbiamo fatt__ uno scherzo a Romeo e lui si è arrabbiat__ molto.
e Mia figlia e le sue amiche sono appena tornat__ dalla Grecia.
f Per la visita dei miei suoceri ho pulit__ tutta la casa!
g I figli di Vittorio e Tiziana sono nat__ negli Stati Uniti.
h Mimma, perché hai cambiat__ casa?

4. Setzen Sie die Verben ins passato prossimo, bei Bedarf schlagen Sie die Liste der unregelmäßigen Verben im Anhang nach.

   Nina *(avere / rispondere)* <u>ha risposto</u> a tutte le domande.
a Donato, *(avere / superare)* _____ l'esame?
b Le mie amiche non *(essere / venire)* _____ a trovarmi né in clinica né a casa!
c Lo sai che Lina *(essere / uscire)* _____ con Renato?
d Giovedì scorso, al cinema, *(io / avere / ridere)* _____ tutto il tempo.
e Allora, ragazzi, come mai *(essere / tornare)* _____ così tardi ieri sera?
f Bruno ed Elvira *(avere / divorziare)* _____ – Davvero?
g Ludovico *(essere / andare)* _____ a trovare Lucia e lei non gli
   (avere / offrire) _____ nemmeno un caffè!

34 Sono tornata!
Ich bin zurück!

Passato prossimo: avere oder essere?

Im vorherigen Kapitel wurde die Bildung des passato prossimo behandelt. Nun folgen Angaben zum Gebrauch der Hilfsverben avere und essere.

Regel Abgesehen von wenigen Ausnahmen werden die Hilfsverben avere und essere bei der Bildung des Perfekts im Italienischen genauso gebraucht wie im Deutschen.

▶ Gebrauch von avere
Avere wird mit Verben verwendet, die ein direktes Objekt (Frage: wen oder was?) haben, z. B. guardare *(sehen)*, incontrare *(treffen)* etc.
Hai provato la nuova ricetta? *Hast du das neue Rezept ausprobiert?*
Non ho mai mangiato il sushi. *Ich habe Sushi nie gegessen.*

▶ Gebrauch von essere
In den anderen Fällen wird essere verwendet:
- Bei Verben, die eine Bewegung ausdrücken: z. B. andare *(gehen)*, venire *(kommen)* etc.

! Achtung! Ausnahmen sind u. a. camminare *(laufen)*, nuotare *(schwimmen)*, sciare *(Ski laufen)*, deren passato prossimo mit avere gebildet wird.
Sono andata al mare. *Ich bin ans Meer gefahren.*
aber: Ieri ho sciato due ore! *Gestern bin ich zwei Stunden Ski gefahren.*

- Bei Verben, die einen Zustand oder die Veränderung eines Zustands ausdrücken:
  z. B. essere *(sein)*, stare *(liegen)*, rimanere *(bleiben)*, diventare *(werden)* etc.
  Perché sei rimasto a casa? *Warum bist du zu Hause geblieben?*
- Bei reflexiven Verben (im Unterschied zum Deutschen):
  Perché vi siete arrabbiati? *Warum habt ihr euch geärgert?*
- Bei unpersönlichen Verben: z. B. è accaduto / è successo *(es ist passiert)*, è sembrato *(es ist erschienen)*; und beim Verb piacere *(gefallen)*.
  La festa mi è piaciuta molto. *Die Party hat mir sehr gut gefallen.*

▶ Die Modalverben (potere, dovere, volere) bilden das passato prossimo mit beiden Hilfsverben je nachdem, ob das darauf folgende Verb (im Infinitiv) das passato prossimo mit avere oder essere bildet. Im Deutschen, dagegen, wird immer *haben* gebraucht.
Non ho potuto chiamare il meccanico. *Ich habe den Mechaniker nicht anrufen können.*
Luisa è dovuta uscire. *Luisa hat ausgehen müssen.*

Passato prossimo: avere oder essere? 34

1. Ordnen Sie die Partizipien dem passenden Feld zu.

Ho capito, ...

Sono uscito, ...

~~capito~~   incontrato   ~~uscito~~   partito   venuto   guardato   caduto   sentito   venduto   nato

2. Vervollständigen Sie die Sätze mit avere oder essere in der Präsensform und mit der passenden Endung des Partizips.

Che cosa *hai fatto* ieri sera, Piero?
a Sabato scorso *(noi)* _____ andat__ in pizzeria.
b Lisa, perché non mi _____ più scritt__ ?
c Sul Corriere della Sera *(io)* _____ lett__ un articolo molto interessante.
d Ragazzi, dove _____ stat__ domenica?
e Mi _____ accadut__ una cosa incredibile! – Ah, sì ... E cosa?
f Le tue favole mi _____ piaciut__ molto.
g Al casinò Dino e Giorgio _____ pers__ duemila euro!

3. Wandeln Sie die Sätze ins passato prossimo um.

Rosa prepara un dolce.   *Rosa ha preparato un dolce.*
a Quest'anno Nadia si iscrive all'università.   L'anno scorso _____
b I miei amici e io ci divertiamo molto.   Ieri _____
c Ti piace il film?   _____
d Non lavoro molto.   Oggi _____
e La sera rimaniamo a casa.   Ieri sera _____
f Devono comprare un regalo per un amico.   _____
g Domani non posso uscire.   Ieri _____
h Questo semestre Ian frequenta un corso d'italiano.   Lo scorso semestre _____

4. Ergänzen Sie die Sätze mit dem passenden Verb im passato prossimo.

| bere   camminare   organizzare   trasferirsi   ~~abitare~~   perdere   succedere |

Sonia e Mirco *hanno abitato* per tre anni a Ginevra.
a *(io)* Non _____ mai _____ la piña colada. Com'è?
b Caterina, che brutta faccia! Che ti _____ ?
c Per i diciotto anni Miriam _____ una festa unica!
d Eliana, non abiti più a Torino? – No, _____ a Bergamo l'anno scorso.
e Che bella passeggiata! *(noi)* _____ tre ore!
f Scusa per il ritardo. *(io)* _____ il treno.

35 Le ho trovate!
Ich habe sie gefunden!

Passato prossimo mit den Pronomen lo, la, li, le, ne

Regel Wird das passato prossimo mit avere gebildet, endet das Partizip immer auf -o (→ Kap. 33).
Stehen aber vor dem Verb im passato prossimo die direkten Pronomen lo, la, li, le, dann muss die Endung des Partizips in Geschlecht und Zahl den Pronomen angeglichen werden.
Das gilt sowohl für die Pronomen lo, la, li, le (→ Kap. 23) als auch für die zusammengesetzten Pronomen me lo, me la, te li, gliele etc. (→ Kap. 25).

Abbiamo comprato **lo spumante**. ➡ **L'**abbiamo comprat**o**. *Wir haben ihn gekauft. (den Sekt)*
Ho mangiato **la pizza**. ➡ **L'**ho mangiat**a**. *Ich habe sie gegessen. (die Pizza)*
Avete chiamato **gli amici**? ➡ **Li** avete chiamat**i**? *Habt ihr sie angerufen? (die Freunde)*
Ho trovato **le chiavi**. ➡ **Le** ho trovat**e**. *Ich habe sie gefunden. (die Schlüssel)*
Mi ha prestato **la macchina**. ➡ **Me l'**ha prestat**a**. *Er hat es mir ausgeliehen. (das Auto)*
Ci ha raccontato molte **barzellette**. ➡ **Ce le** ha raccontat**e**. *Er hat sie uns erzählt. (die Witze)*

! Vor Vokalen werden sowohl lo als auch la mit Apostroph geschrieben, das gilt nicht für li und le.

Das Prinzip der Partizip-Angleichung gilt auch für das Pronominaladverb ne (*davon*, → Kap. 30), dabei wird das Partizip an das Wort angepasst, auf das sich ne bezieht. Die Angleichung ist üblich aber nicht zwingend.

Ho mangiato solo un biscotto. ➡ Ne ho mangiat**o** solo **uno**.
  Ich habe nur einen (Keks) gegessen.
Ho mangiato una fetta di torta. ➡ Ne ho mangiat**a** una **fetta**.
  Ich habe ein Stück (Kuchen) gegessen.
Ho comprato alcuni vestiti. ➡ Ne ho comprat**i** **alcuni**.
  Ich habe einige (Kleider) gekauft!
Ho bevuto due bottiglie di vino. ➡ Ne ho bevut**e** due **bottiglie**.
  Ich habe zwei Flaschen (Wein) getrunken.

35 Passato prossimo mit den Pronomen lo, la, li, le, ne

1. Verbinden Sie die linke mit der rechten Spalte.
a I vicini vengono alla festa?
b Mamma, dove sono i giocattoli?
c Che belle queste rose!
d Avete comprato il vino?
e Hai del burro?
f Hai scritto la lettera?
g Ti piace questo quadro?
h Vuole un caffè?

1 Certo. L'ho anche spedita.
2 No, non li ho invitati!
3 Oh, non le ho ancora messe nel vaso.
4 Mi dispiace, l'ho finito.
5 Sì, ne abbiamo prese tre bottiglie.
6 No, grazie. Ne ho già presi due.
7 Li ho messi in camera vostra.
8 Bello! Quando l'hai dipinto?

2. Ergänzen Sie die Sätze mit der passenden Endung des Partizips.
a Che bella collana! Te l'ha regalat__ Giorgio?
b I biglietti li avete prenotat__ , vero?
c Vuoi una sigaretta? – No, ne ho già fumat__ troppe oggi!
d Hai chiamato l'idraulico? – Sì, l'ho chiamat__ stamattina.
e Mirella e Tina? – Non le ho vist__ .
f Che belle scarpe! Dove le hai comprat__ ?
g La macchina l'ha pres__ Paolo.
h Questi libri me li ha prestat__ la professoressa.

3. Wandeln Sie die Sätze um, indem Sie lo, la, li, le oder ne verwenden.
   Ho portato le gonne in lavanderia.   _Le ho portate in lavanderia._
a Ho pagato il conto con la carta di credito.   _____
b Dove avete parcheggiato la macchina?   _____
c Dove hai messo i documenti?   _____
d La signora Fini ha comprato due chili di peperoni. _____
e Avete spento la luce?   _____
f Ho perso le chiavi.   _____
g Carlo ha bevuto solo un bicchiere di vino.   _____
h Non hanno chiuso il balcone.   _____

4. Vervollständigen Sie die Sätze mit den Verben im passato prossimo und mit lo, la, li, le, oder ne.
a Ieri Anna ha incontrato un'amica e *(accompagnare)* _____ a casa.
b Vera e Lucia *(io / conoscere)* _____ all'università.
c L'esame com'è andato? – Bene. *(io / superare)* _____ .
d Ti va un gelato? – No, grazie. *(mangiare)* _____ già _____ uno.
e Vi è piaciuta la mostra? – Veramente *(vedere)* _____ solo una parte.
f Senti, le coperte, dove *(tu / mettere)* _____ ?
g Ragazzi, i piatti *(voi / lavare)* _____ ?
h Il pranzo me *(offrire)* _____ il mio collega.

36 Il numero con i leoni è già cominciato?
Hat die Nummer mit den Löwen schon angefangen?

Transitiver / Intransitiver Gebrauch einiger Verben im passato prossimo

Es gibt im Italienischen Verben, die sowohl transitiv als auch intransitiv gebraucht werden.

- **Transitiver Gebrauch** bedeutet, dass dem Verb ein direktes Objekt folgt.
  Marco comincia un nuovo lavoro.
  (un nuovo lavoro ➡ direktes Objekt)
  Marco fängt eine neue Arbeit an.
  Transitiv sind auch Verben, denen eine Infinitivkonstruktion folgt.
  Comincio a lavorare domani. (a lavorare ➡ Infinitivkonstruktion)
   Ich fange morgen an, zu arbeiten.
- **Intransitiver Gebrauch** bedeutet, dass dem Verb kein direktes Objekt folgt.
  Il numero con i leoni comincia adesso. (kein direktes Objekt nach dem Verb)
   Die Nummer mit den Löwen fängt jetzt an.

Hier eine Auswahl von Verben die transitiv oder intransitiv gebraucht werden: aumentare *(steigern, zunehmen)*, cambiare *(verändern, ändern, umtauschen)*, cominciare *(anfangen, beginnen)*, diminuire *(abnehmen)*, finire *(beenden)*, salire *(steigen)*, scendere *(absteigen)*.

Regel

Für diese Verben gilt folgende Besonderheit im passato prossimo (Perfekt).
Folgt dem Verb ein direktes Objekt oder eine Infinitivkonstruktion, wird das Hilfsverb avere verwendet. Das Partizip bleibt dabei unverändert und es endet immer auf -o (➡ Kap. 33).
Ho cambiato la giacca. *Ich habe die Jacke umgetauscht.*
Marco ha appena cominciato a lavorare. *Marco hat gerade angefangen, zu arbeiten.*

! Ho finito. *Ich bin fertig.*
In diesem Satz wird finire transitiv gebraucht, obwohl ein direktes Objekt fehlt.
Gemeint ist also: *Ich habe etwas beendet.*

Folgt dem Verb kein direktes Objekt, wird das Hilfsverb essere verwendet. Das Partizip wird in Geschlecht und Zahl dem Subjekt angeglichen (➡ Kap. 33).
Il numero con i leoni è già cominciato? *Hat die Nummer mit den Löwen schon angefangen?*
Gabriella è cambiata molto. *Gabriella hat sich sehr verändert.*

Transitiver / Intransitiver Gebrauch einiger Verben im passato prossimo

1. Verbinden Sie die Satzteile.

a Il corso di francese — abbiamo — cominciato due giorni fa.
b Ieri Carla e io — hai — finito di lavorare tardi.
c Melania, — è — finito?
d Massimo — ha — cambiato la mia vita!
e Dopo l'incidente Serena — è — cambiata completamente.

2. Wandeln Sie die Sätze um, indem Sie das passato prossimo bilden.

Oggi finisco di lavorare all'una. _Ieri ho finito di lavorare all'una._
a Lo spettacolo comincia in ritardo. _____
b Non scendete mai alla fermata giusta! _____
c Il direttore mi aumenta lo stipendio. _____
d Lorenzo cambia casa. _____
e Nora, sali con l'ascensore? _____
f Questa storia finisce male. Quella _____
g Pioggia e vento diminuiscono lentamente. _____

3. Ergänzen Sie die Sätze mit der Präsensform von avere oder essere und mit der passenden Endung des Partizips.

a Con l'introduzione dell'euro i prezzi _____ aumentat__ . Lo dicono tutti!
b Ieri *(noi)* _____ finit__ tardi.
c Le tasse _____ diminuit__ . – Non ci credo proprio!
d A causa del BSE il prezzo della carne _____ aumentat__ .
e La festa _____ finit__ all'alba.
f Marisa _____ cambiat__ parrucchiere. – Si vede!
g Siete stati a Parigi e non _____ salit__ sulla Torre Eiffel?
h Ma perché *(tu)* _____ sces__ le scale di corsa?

4. Vervollständigen Sie die Sätze im passato prossimo mit den angegebenen Verben.

diminuire   finire (2)   aumentare   scendere   cambiare   cominciare (2)

a Maurizio, vieni a giocare a pallone? – Non posso. Non _____ ancora _____ di fare i compiti.
b Quando gli ho parlato dell'aumento, *(lui)* _____ argomento.
c Oggi mi sono svegliata tardi perché ieri sera il film _____ a mezzanotte.
d Quando *(voi)* _____ l'università?
e Adesso mi sento meglio perché il caldo _____ .
f Che bello! Le vacanze _____ finalmente!
g La benzina _____ di nuovo? Ma è pazzesco!
h Sai che è successo a Gemma? Appena _____ dal treno, le hanno rubato la valigia!

37 Lui è più giovane di lei!
Er ist jünger als sie!

Komparativ der Adjektive

* Sind sie ein Paar?

In diesem Kapitel geht es um Vergleiche.

Regel

più / meno + Adjektiv + di / che

Beim Vergleich von ungleichen Dingen oder Personen, werden die Adverbien più *(mehr)* oder meno *(weniger)* verwendet. Sie stehen vor dem Adjektiv.
Oggi il tempo è più / meno bello! *Heute ist das Wetter schöner / weniger schön!*
Der Komparativ von buono und cattivo ist più buono / migliore bzw. più cattivo / peggiore.
Die Vergleichswörter di und che stehen vor dem zweiten Vergleichselement und entsprechen dem deutschen *als*. Die Wahl zwischen di oder che ist vom nachfolgenden Wort abhängig.

Man verwendet di (+ Artikel)
- vor Substantiven und Eigennamen sowie vor Pronomen;
  Trovo la pesca più noiosa **della caccia**. *Fischen finde ich langweiliger als die Jagd.*
  Bea e Rita sono meno versatili di **Valeria**. *Bea und Rita sind weniger vielseitig als Valeria.*
  Questa casa è più moderna di **quella**. *Dieses Haus hier ist moderner als das da.*
  Lui è più giovane di **me**. *Er ist jünger als ich.*
  Bei Personalpronomen werden ausschließlich die betonten Formen verwendet (→ Kap. 23).

Man verwendet che
- beim Vergleich von zwei Adjektiven oder Adverbien;
  Giampiero è più **intelligente** che **furbo**. *Giampiero ist eher intelligent als schlau.*
  È più indicato uscire **oggi** che **domani**. *Es ist besser heute auszugehen als morgen.*
- vor Präpositionen und vor Verben im Infinitiv.
  Costa meno in treno che **con** l'auto. *Es ist billiger mit dem Zug als mit dem Auto.*
  Preferisci più stare a casa che **uscire**! *Du bleibst lieber zu Hause als auszugehen!*

! Adverbien bilden den Komparativ genauso wie Adjektive:
Lia si veste più / meno elegantemente *(Lia zieht sich eleganter / weniger elegant an)*.
Der Komparativ von bene und male heißt meglio bzw. peggio.

Adjektiv + come / quanto

Beim Vergleich von ähnlichen bzw. gleichen Sachen oder Personen werden come oder quanto verwendet. Sie stehen nach dem Adjektiv und entsprechen dem deutschen *so … wie*.
Simona è simpatica come / quanto Pina. *Simona ist so sympathisch wie Pina.*

Komparativ der Adjektive 37

1. Setzen Sie di (mit oder ohne Artikel) oder che ein.

a Corrado fa ginnastica perché, secondo lui, è meno stancante ___ fare jogging.
b Angela vive a Londra. La vita lì è più cara ___ in Italia.
c Questo vocabolario è più attuale ___ quell'altro.
d Ma è vero che le donne sono meno sincere ___ uomini?
e Come sempre Daniele agisce più istintivamente ___ razionalmente!
f Elisa e Laura sono simpatiche, ma Laura è sicuramente più affettuosa ___ Elisa.
g Il mio ragazzo è più geloso ___ me!
h Stefania è più intelligente ___ bella. Sei d'accordo?

2. Bilden Sie Sätze mit più / meno … di (mit oder ohne Artikel) / che.

Vittorio • essere preparato • te   più
Vittorio è più preparato di te.

a il computer • essere • utile • la macchina da scrivere   più
_____

b io • avere • una vita • eccitante • monotona   più
_____

c essere • difficile • andare d'accordo con Mauro • con Tiziana   meno
_____

d giocare a scacchi • essere • complicato • giocare a dama   più
_____

e io • essere • fortunata • Patrizia   meno
_____

3. Vergleichen Sie diese Personen. Ergänzen Sie die Sätze mit come oder mit più / meno … di.

Tommaso:	35 anni	1.80 m	capelli e occhi scuri	90 kg
Pietro:	37 anni	1.75 m	capelli e occhi scuri	80 kg
Alessia:	20 anni	1.65 m	bionda, occhi azzurri	52 kg
Giuliana:	28 anni	1.60 m	bionda, occhi scuri	48 kg

a Tommaso è _____ giovane _____ Pietro e _____ grande* _____ Alessia e Giuliana.
b Pietro è _____ basso _____ Tommaso e _____ alto _____ Alessia e Giuliana.
c Tommaso ha i capelli e gli occhi scuri _____ Pietro.
d Pietro pesa _____ di Tommaso, ma _____ di Alessia e Giuliana.
e Giuliana ha gli occhi scuri _____ Tommaso e Pietro ed è bionda _____ Alessia.
f Alessia ha 28 anni _____ Giuliana ed è _____ alta _____ lei.
g Giuliana è _____ bassa _____ Alessia e _____ magra _____ lei.

_____

* Im Italienischen ist „grande" auf das Alter, „alto" auf die Körpergröße bezogen.

38 Il fatto è segretissimo.
Die Sache ist streng geheim.

Superlativ der Adjektive

Regel: Die höchste Steigerungsform des Adjektivs ist der Superlativ. Im Italienischen unterscheidet man zwischen dem relativen Superlativ (z. B. Luigi è il più simpatico dei colleghi – *Luigi ist der sympathischste der Kollegen*) und dem absoluten Superlativ (z. B. un collega simpaticissimo – *ein sehr sympathischer Kollege*).

Relativer Superlativ (il più ...)
Der relative Superlativ hebt etwas oder jemanden aus einer Gruppe von Sachen oder Personen heraus. Zwei Strukturen sind möglich:

bestimmter Artikel + più / meno + Adjektiv

Giancarlo è **il più / meno simpatico.** *Giancarlo ist der sympathischste / der am wenigsten sympathische.*

bestimmter Artikel + Substantiv + più / meno + Adjektiv

Questa è **la macchina più / meno cara.** *Dieses ist das teuerste Auto / das billigste Auto.*

Ist ein zu vergleichendes Objekt genannt, so wird es mit di *(von)* oder tra / fra *(von / unter)* eingeleitet.
Questa è la macchina meno cara di / **fra** tutte. *Dieses ist das billigste Auto von allen.*

Absoluter Superlativ (-issimo)
Der absolute Superlativ drückt einen sehr hohen bzw. den höchsten Grad einer Eigenschaft aus, setzt aber keinen Vergleich voraus. Zur Bildung fügt man die Nachsilbe **-issimo/-a/-i/-e** an den Stamm des Adjektivs an.
Il fatto è segret**issimo**. *Die Sache ist streng geheim.*
Rossana è una donna bell**issima**. *Rossana ist eine sehr schöne Frau.*

Den absoluten Superlativ kann man auch mit molto *(sehr)* oder assai *(sehr)* vor dem Adjektiv bilden sowie durch Wiederholung des Adjektivs.
Il dolce è **molto / assai** buono. *Der Kuchen ist sehr gut.*
Mi piace la mortadella **sottile sottile**. *Ich mag sehr dünne Mortadella.*

! Adverbien bilden den absoluten Superlativ, indem man -issimo an den Stamm anhängt: benissimo *(sehr gut)*. Bei Adverbien auf -mente wird -issima- vor der Endung -mente angehängt: velocissimamente *(sehr schnell)*. Der absolute Superlativ wird auch mit molto ausgedrückt: molto bene, molto velocemente.

Superlativ der Adjektive   38

1. Verbinden Sie die linke mit der rechten Spalte.
a Ornella Muti è un'attrice   1 interessantissimi.
b „Va' dove ti porta il cuore" è il romanzo   2 alta delle torri di Bologna.
c Il Po è il fiume italiano   3 famosissima.
d I quadri metafisici di de Chirico sono   4 più grandi del Mediterraneo.
e La torre degli Asinelli è la più   5 più lungo.
f La Sicilia e la Sardegna sono le isole   6 più famoso di Susanna Tamaro.

2. Vervollständigen Sie die Sätze mit den unten stehenden Angaben.
   piccolo piccolo   meno caro   assai interessante   più brava   contentissima
   velocissimo   forte forte   molto eleganti
a Ho bisogno di un caffè _____ .
b Ho un appartamento _____ .
c Mia figlia si sposa. Sono _____ !
d Per la festa ho trovato dei pantaloni _____ .
e Quest'articolo è _____ . Chi l'ha scritto?
f Carmen è la _____ della classe.
g Per andare da Napoli a Roma prendo il pendolino, un treno _____ .
h Questo è il negozio _____ della città.

3. Wandeln Sie die Sätze um. Folgen Sie dem Beispiel.
   Mimmo è simpatico.   *Mimmo è il più simpatico.*   *Mimmo è simpaticissimo.*
a Questo film è interessante.   _____   _____
b Rita, sei gentile!   _____   _____
c Questi esercizi sono difficili. _____   _____
d È stata una bella giornata.   *È stata la giornata   *È stata una giornata
                                   più bella.*   _____ .*
e Luca è un ragazzo alto.   _____   _____
f I vicini hanno una casa ordinata. _____   _____
g Ada e Tina sono studiose.   _____   _____

4. Ergänzen Sie die Sätze mit dem relativen Superlativ oder mit dem absoluten Superlativ (-issimo/-a/-i/-e). Benutzen Sie dabei die deutschen Angaben in Klammern.
a Michela è *(die hübscheste)* _____ delle sorelle di Fernando.
b Attenzione! La zuppa è *(sehr heiß)* _____ !
c Ho conosciuto *(den ältesten)* _____ amico di mio padre.
d Oggi abbiamo avuto la giornata *(am wenigsten kalt)* _____ dell'anno.
e Romeo, fai uno sport *(sehr gefährlich)* _____ !
f Mi hanno regalato dei fiori *(stark duftend)* _____ .

39 Il mio cane è un tesoro!
Mein Hund ist ein Schatz!

Possessivadjektive und -pronomen

Regel Die besitzanzeigenden Wörter (Possessiva) *mein, dein* etc. werden auch Possessivadjektive bzw. -pronomen genannt. Sie richten sich in Geschlecht und Zahl nach dem jeweiligen Bezugswort und haben dieselben Endungen der Adjektive der ersten Gruppe (-o, -a, -i, -e) (→ Kap. 13).

! Im Gegensatz zum Deutschen werden die italienischen Possessivadjektive und -pronomen von bestimmten Artikeln begleitet.

* Schatz

Singular			
männlich		**weiblich**	
il mio	*mein*	la mia	*meine*
il tuo	*dein*	la tua	*deine*
il suo	*sein / ihr*	la sua	*seine / ihre*
il nostro	*unser*	la nostra	*unsere*
il vostro	*euer*	la vostra	*eure*
il loro	*ihr*	la loro	*ihre*

Plural			
männlich		**weiblich**	
i miei	*meine*	le mie	*meine*
i tuoi	*deine*	le tue	*deine*
i suoi	*seine / ihre*	le sue	*seine / ihre*
i nostri	*unsere*	le nostre	*unsere*
i vostri	*eure*	le vostre	*eure*
i loro	*ihre*	le loro	*ihre*

!
- In der Höflichkeitsform werden die Possessivadjektive und -pronomen normalerweise groß geschrieben. Für einzelne Personen verwendet man die Formen il Suo, la Sua, i Suoi, le Sue, für mehrere Personen il Vostro, la Vostra, i Vostri, le Vostre (selten auch il Loro, la Loro, i Loro, le Loro).
- Im Italienischen wird das Geschlecht des Besitzers nicht näher definiert, man unterscheidet nicht zwischen *sein* und *ihr.* La sua famiglia kann deshalb sowohl *seine Familie* als auch *ihre Familie* bedeuten.
- Die Form *loro* ist unveränderlich. In diesem Fall wird nur der Artikel an das Bezugswort angepasst: il loro amico *(ihr Freund),* la loro amica *(ihre Freundin).*

Possessiva können sowohl als Adjektive als auch als Pronomen gebraucht werden.

Possessivadjektive stehen vor dem Bezugswort.
Il **mio** cane è un tesoro. *Mein Hund ist ein Schatz.*
La **mia** macchina è una Fiat. *Mein Auto ist ein Fiat.*

Possessivpronomen ersetzen das Bezugswort.
Il mio cane è un tesoro, e il tuo? *Mein Hund ist ein Schatz, und deiner?*
La mia macchina è una Fiat, e la tua? *Mein Auto ist ein Fiat, und deines?*

Possessivadjektive und -pronomen

1. Ergänzen Sie die Sätze mit der richtigen Endung des Possessivadjektivs und mit dem passenden Artikel.

a Martina non trova ___ su__ scarpe. Sai dove sono?
b ___ mi__ domestica si è licenziata. – E ora come fai?
c Guarda che ___ tuo__ pantaloni sono sporchi. – Hai ragione!
d ___ vostr__ casa è splendida. Complimenti!
e I signori D'Amelio vendono ___ lor__ barca. Vogliamo comprarla noi?
f Che noia! Passiamo ___ nostr__ tempo a giocare a carte!
g Giampaolo, ___ tuo__ amici sono proprio simpatici!
h Scusi, mi dà ___ Su__ numero di telefono?

2. Vervollständigen Sie die Sätze mit den passenden Possessivpronomen.

    Questa è la tua giacca?   _Sì, è la mia._
a Questa non è la moto di Vincenzo?   Sì, è _____ .
b No. Questo non è il nostro ombrello!   Ma certo, è _____ !
c L'appartamento appartiene a Marco e Tiziana?   No, non è _____ .
d Sei sicuro che i 20 euro sono i miei?   Sì, sì, sono proprio _____ !
e Il vostro regalo è bellissimo!   Guarda che non è _____ !
f Oggi devo lavare la biancheria.   Pure io. Se vuoi, lavo anche _____ .
g Queste sono le foto di Lina, vero?   Sì, sono _____ .

3. Wandeln Sie die Sätze um. Folgen Sie dem Beispiel.

    Ha una macchina nuova.   _La sua macchina è nuova._
a Ho un problema serio.
b Hai un vestito molto elegante.
c Abbiamo una gatta furbissima!
d Bruno ha degli amici inglesi.
e Avete una villa a Beverly Hills?
f Hanno un giardino curatissimo!
g Ho dei vicini insopportabili!

4. Vervollständigen Sie mit den Possessivadjektiven oder Possessivpronomen.

a Ieri abbiamo incontrato _____ professore d'inglese del liceo. – Ah, sì! E dove?
b Prego, signori, questa è _____ camera.
c Adoro Baricco. Ho letto tutti _____ libri.
d Prendiamo il tuo motorino o _____ ?
e Amo cucinare. _____ lasagne sono speciali!
f Livio e Franco sono strani! Mi irrita soprattutto _____ atteggiamento.
g Caterina scrive benissimo! Hai letto _____ poesie?
h Perché usi sempre la mia penna? – Veramente non è _____ !

40 Mia moglie e i miei figli sono andati al mare.
Meine Frau und meine Kinder sind ans Meer gefahren.

Possessivadjektive mit Verwandtschaftsbezeichnungen

Regel
Die Possessivadjektive (il mio, il tuo etc.) werden in der Regel von bestimmten Artikeln begleitet (→ Kap. 39). In Zusammenhang mit Verwandtschaftsbezeichnungen werden jedoch im Singular die vorangestellten Artikel weggelassen, außer bei loro *(ihr)*.
Mia moglie e i miei figli sono andati al mare. *Meine Frau und meine Kinder sind ans Meer gefahren.*
Il loro zio viene da Ravenna. *Ihr Onkel kommt aus Ravenna.*

Singular männlich				Singular weiblich			
mio		mein		mia		meine	
tuo		dein		tua		deine	
suo	padre	sein / ihr	Vater	sua	madre	seine / ihre	Mutter
nostro		unser		nostra		unsere	
vostro		euer		vostra		eure	
il loro		ihr		la loro		ihre	

Plural männlich				Plural weiblich			
i miei		meine		le mie		meine	
i tuoi		deine		le tue		deine	
i suoi	figli	seine / ihre	Söhne / Kinder	le sue	figlie	seine / ihre	Töchter / Kinder
i nostri		unsere		le nostre		unsere	
i vostri		eure		le vostre		eure	
i loro		ihre		le loro		ihre	

! In folgenden Fällen wird der bestimmte Artikel auch in Verbindung mit Verwandtschaftsbezeichnungen gebraucht:
- im Plural: i miei figli *(meine Kinder)*, i nostri suoceri *(unsere Schwiegereltern)*
- bei loro sowohl im Singular als auch im Plural: il loro padre *(ihr Vater)*, i loro nonni *(ihre Großeltern)*
- bei Verkleinerungsformen und Koseformen: il nostro fratellino *(unser Brüderchen)*, la vostra cuginetta *(euer Kusinchen)*, il tuo papà *(dein Vati)*, la tua mamma *(deine Mutti)*
- bei Bezeichnungen wie il mio ragazzo / la mia ragazza *(mein Freund / meine Freundin)*, il mio fidanzato / la mia fidanzata *(mein Verlobter / meine Verlobte)*

Possessivadjektive mit Verwandtschaftsbezeichnungen 40

1. Ordnen Sie die Wörter dem passenden Feld zu.

2. Ergänzen Sie die Sätze mit der richtigen Endung der Possessivadjektive und setzen Sie wo nötig den bestimmten Artikel ein.
   a Perché non vai d'accordo con ___ tuo__ genitori?
   b ___ mi__ ragazzo e io ci siamo conosciuti in Grecia l'anno scorso.
   c ___ su__ cugina lavora in un centro di estetica.
   d Che bella bambina! Chi è? – È ___ mi__ sorellina.
   e Ah, questi sono ___ vostr__ nonni!
   f Sai, ___ mi__ figlio si è lasciato con ___ su__ fidanzata. – Come mai?
   g Allora, com'è ___ tu__ suocera? – No comment!
   h Domani vado a trovare ___ mi__ zio. Vuoi venire con me?

3. Vervollständigen Sie die Sätze mit den Possessivadjektiven und wo nötig mit dem bestimmten Artikel.
   a Alessandro porta _____ ragazza alla festa sabato?
   b Ragazzi, quando tornano _____ genitori dalle vacanze?
   c Ehi, Davide, chi è questa nella foto? – _____ cugina.
   d L'anno scorso siamo andati a trovare _____ zii che vivono a Detroit.
   e Barbara, dov'è _____ fratellino? – A scuola.
   f Lo sai che Flora e Mauro vivono con _____ nonni?
   g Dottoressa Vinciguerra, come sta _____ marito? – Meglio, grazie.
   h Per andare al concerto devo chiedere il permesso a _____ padre.

41 Hai mangiato tutti i miei cioccolatini!
Du hast meine ganzen Pralinen aufgegessen!

Indefinitadjektive und Indefinitpronomen

Regel Indefinitadjektive und -pronomen beschreiben oder ersetzen nicht näher bestimmte Personen oder Sachen.

Tutto/-a/-i/-e *(all-, ganz)* steht als Adjektiv vor einem Substantiv und wird von bestimmten Artikeln (il, la, lo etc.) oder Demonstrativadjektiven (questo, quello etc.) begleitet. Oder es wird als Pronomen ohne weitere Begleitwörter verwendet.

Hai mangiato tutti i miei cioccolatini! (Adj.) *Du hast meine ganzen Pralinen aufgegessen!*
Conosci tutte queste persone? (Adj.) *Kennst du alle diese Leute?*
Ho perso tutto! (Pron.) *Ich habe alles verloren!*

Alcuni/-e und **qualche** *(einige)* haben die gleiche Bedeutung.

- Alcuni/-e begleitet Substantive im Plural, stimmt mit deren Geschlecht überein und wird als Adjektiv oder Pronomen gebraucht.
  Ho alcuni amici / alcune amiche a Firenze.
    (Adj.) *Ich habe einige Freunde / Freundinnen in Florenz.*
  Ne ho alcuni. (Pron.) *Ich habe einige (davon).*

- Qualche begleitet Substantive im Singular. Die Form ist unveränderlich und wird ausschließlich als Adjektiv verwendet.
  Ho qualche amico / qualche amica a Firenze.
    Ich habe einige Freunde / Freundinnen in Florenz.

Ogni *(jed-)* steht immer im Singular, ist unveränderlich und wird nur als Adjektiv verwendet.
Faccio sport ogni giorno. *Ich treibe jeden Tag Sport.*
Usciamo ogni sera. *Wir gehen jeden Abend aus.*

Altro *(andere)*, **molto** *(viel)*, **tanto** *(viel)*, **troppo** *(zu viel)* und **poco** *(wenig)* verhalten sich wie die Gruppe der Adjektive mit vier Endungsformen (-o,-a,-i,-e) (→ Kap. 13). Sie werden als Adjektive und Pronomen verwendet.
Cerco un altro appartamento. *Ich suche eine andere Wohnung.*
Mangiamo molta frutta. *Wir essen viel Obst.*
Hai tanti vestiti? – Ne ho troppi! *Hast du viele Kleider? – Ich habe zu viele (davon).*
Conosco poche poesie. *Ich kenne wenige Gedichte.*

Indefinitadjektive und Indefinitpronomen 41

1. Kreuzen Sie die richtige Form an.

a ... dicono che sono bella!
- ☐ Tutti
- ☐ Ogni

b ... anno vado una settimana in Italia.
- ☐ Ogni
- ☐ Altro

c Mio marito beve ... birra.
- ☐ tutta
- ☐ molta

d Allo spettacolo c'erano ... persone.
- ☐ poche
- ☐ qualche

e Livio ha ... animali.
- ☐ ogni
- ☐ tanti

f ... volta gioco a tennis.
- ☐ Qualche
- ☐ Troppa

2. Wandeln Sie die Sätze um, indem Sie alcuni/-e oder qualche verwenden.

Ho alcuni amici. → _Ho qualche amico._

a Alcune volte andiamo al ristorante cinese.
_____

b Alla sfilata ho conosciuto qualche modella.
_____

c Vittorio possiede qualche oggetto d'antiquariato.
_____

d Mirco ha alcuni clienti in Olanda.
_____

3. Ergänzen Sie die Sätze mit tutto/-a/-i/-e und setzen Sie wo nötig den passenden bestimmten Artikel.

a Per il matrimonio _____ parenti ci hanno regalato dei soldi per la luna di miele.
b Hai preparato _____ per il viaggio?
c Che devi fare con _____ queste penne?
d Ieri portavo un cappello molto originale e _____ gente mi guardava!
e Hai mangiato _____ fragole? – Sì, le ho mangiate _____ !

4. Vervollständigen Sie die Sätze mit den unten stehenden Indefinitadjektiven und -pronomen.

altro	poche	troppa	tutti	ogni	tanti

a Mamma mia, mangi _____ cioccolata. Ti fa male!
b Giacomo e Ilaria hanno _____ soldi, eppure sono infelici.
c Ti svegli _____ mattina alle sei! E perché?
d Lo sai che Emilio ha trovato un _____ lavoro?
e Patrizia è sempre gentile con _____ .
f Puoi comprarmi delle sigarette? Me ne sono rimaste _____ .

42 E lei, chi è?
Und wer ist sie?

Fragewörter (chi?, quale?, quanto? …)

Regel Fragewörter werden gebraucht, um Fragen einzuleiten. Im Folgenden sind die wichtigsten italienischen Fragewörter aufgelistet.

chi	*wer / wen*	E lei, chi è?	*Und wer ist sie?*
che cosa / cosa	*was*	Che cosa mangi?	*Was isst du?*
che + Substantiv	*welcher/-e/-es, was für ein/-e*	Che sigarette fumi?	*Welche Zigaretten rauchst du?*
come	*wie*	Come si chiama?	*Wie heißen Sie? / Wie heißt er / sie?*
perché	*warum*	Perché piangete?	*Warum weint ihr?*
dove	*wo / wohin*	Dove vai?	*Wohin gehst du?*
da dove / di dove	*woher*	Di dove sono?	*Woher sind sie?*
quando	*wann*	Quando tornate?	*Wann kommt ihr zurück?*

quale / quali *welcher/-e/-es, was für ein/-e*
Quale hat eine Form für den Singular und eine für den Plural. Es kann als Adjektiv und als Pronomen gebraucht werden. Vor der Verbform è *(er / sie / es ist)* wird quale zu qual verkürzt.
Quale gonna compro? (Adj.) *Welchen Rock kaufe ich?*
Ho tanti fiori. Quali preferisci? (Pron.) *Ich habe viele Blumen. Welche möchtest du?*
Qual è la tua macchina? *Welches ist dein Auto?*

quanto/-a/-i/-e *wie viel*
Quanto hat vier Formen, die sich nach Geschlecht und Zahl unterscheiden. Es kann als Adjektiv und als Pronomen gebraucht werden.
Quanto pane compro? (Adj.) *Wie viel Brot kaufe ich?*
Vorrei delle pere. – Quante ne vuole? (Pron.) *Ich möchte Birnen. – Wie viele möchten Sie?*

! Chi, che cosa / cosa, che, quale, quanto können auch mit einer Präposition verwendet werden.
Con chi esci? *Mit wem gehst du aus?*
A cosa pensi? *Woran denkst du?*

Fragewörter (chi?, quale?, quanto? ...) 42

1. Kreuzen Sie das richtige Fragewort an.

a Con ... parli?
 ☐ chi
 ☐ dove

b ... cappello ti piace di più?
 Questo o quello?
 ☐ Che cosa
 ☐ Quale

c ... partite per le vacanze?
 ☐ Quanto
 ☐ Quando

d ... libri leggi all'anno?
 ☐ Quanti
 ☐ Perché

e ... sono i tuoi amici?
 ☐ Di dove
 ☐ Quando

f A ... anni hai cominciato a studiare pianoforte?
 ☐ quali
 ☐ quanti

2. Vervollständigen Sie die Sätze mit den Formen von quanto oder quale.

a Scusi, _____ costa questo cappotto? – 375 euro.
b _____ bicchieri usiamo? Quelli a calice?
c Da _____ anni vi conoscete? – Da almeno dieci anni!
d _____ uova hai comprato? – Sei, come al solito.
e _____ tavolo preferite? Questo qui o quello vicino alla finestra?
f _____ è la tua macchina? Quella nera lì in fondo?

3. Setzen Sie das richtige Fragewort ein. Achtung! In einigen Fällen muss man auch die dazu passende Präposition verwenden.

a _____ numero di scarpe porti? – Porto il 38.
b _____ sei così triste? – È morto il gatto!
c _____ mandi tutte queste e-mail? – Al mio ragazzo che studia a Pisa.
d _____ lavoro fa? – Sono ingegnere.
e _____ sono gli spaghetti alla carbonara? – Buoni!
f _____ avete parlato tutto il tempo? – Con due compagne di scuola.

4. Stellen Sie die passenden Fragen zu folgenden Antworten.

   (Lei) _Come si chiama?_   Ludovico Sarti.
a (tu) _____ Ho 27 anni.
b _____ Siamo stati all'isola d'Elba.
c (tu) _____ Ho comprato una gonna a fiori.
d _____ Eravamo solo dieci.
e (Lei) _____ Vengo dalla Germania.
f (tu) _____ Il mio film preferito è „Pane e Tulipani".
g _____ Parlano tre lingue.
h _____ Susanna va da sua zia.

Kapitel 29–42

Wählen Sie die richtige Form.

ci und ne

1. Mamma va in farmacia oggi? –
   Sì, … va più tardi.
   a) ◼ ci
   b) ◼ –

2. Cosa facciamo domenica? –
   … andiamo al mare!
   a) ◼ Ci
   b) ◼ –

3. Ha delle uova? – Quante … vuole?
   a) ◼ ci
   b) ◼ ne

4. Vi piace la mia nuova macchina?
   Che … dite?
   a) ◼ ne
   b) ◼ –

questo und quello

5. … camicia è troppo grande per me.
   a) ◼ Questa
   b) ◼ Questo

6. Vuole provare le scarpe rosse? –
   No, vorrei provare … verdi.
   a) ◼ questi
   b) ◼ queste

7. Lo conosci quel signore? –
   … è mio padre.
   a) ◼ Quello
   b) ◼ Quel

8. Che belli … stivali!
   a) ◼ quegli
   b) ◼ quelli

passato prossimo

9. Ieri Patrizia … con Salvatore.
   a) ◼ è uscito
   b) ◼ è uscita

10. Domenica scorsa abbiamo …
    una gita in barca.
    a) ◼ fatti
    b) ◼ fatto

11. Dove … stati in vacanza?
    a) ◼ avete
    b) ◼ siete

12. Ieri sera … visto un film.
    a) ◼ sono
    b) ◼ ho

13. Alberto si … divertito molto!
    a) ◼ è
    b) ◼ ha

14. Hai comprato la carne? – Sì, l'ho … .
    a) ◼ comprato
    b) ◼ comprata

15. Le piace questo vino? – Sì, ne ho
    già … due bicchieri.
    a) ◼ bevuti
    b) ◼ bevute

16. Quando … cominciato il film?
    a) ◼ ha
    b) ◼ è

17. Ragazzi, … finito?
    a) ◼ siete
    b) ◼ avete

Kapitel 29–42

TEST 3

Komparativ und Superlativ der Adjektive

18. Secondo me andare in bicicletta è più divertente … andare in moto.
    a) �© di
    b) ▢ che

19. Questo pullover di lana è meno caldo … quello sintetico.
    a) ▢ di
    b) ▢ che

20. Miriam è … della famiglia.
    a) ▢ intelligentissima
    b) ▢ la più intelligente

21. Ho letto un libro … .
    a) ▢ interessantissimo
    b) ▢ il più interessante

Possessivadjektive und –pronomen

22. Alberto ha tanti amici. I … amici sono molto simpatici.
    a) ▢ suoi
    b) ▢ suo

23. … casa è grandissima.
    a) ▢ La loro
    b) ▢ I loro

24. Queste sono le mie scarpe, … sono lì.
    a) ▢ le tue
    b) ▢ i tuoi

25. … nonni abitano in campagna.
    a) ▢ I miei
    b) ▢ Miei

26. Come si chiama … marito?
    a) ▢ il tuo
    b) ▢ tuo

Indefinitadjektive und –pronomen

27. Alfredo, hai fatto … compiti?
    a) ▢ tutti i
    b) ▢ tutti

28. Ho qualche … negli Stati Uniti.
    a) ▢ amici
    b) ▢ amico

Fragewörter

29. … vestito compro per il matrimonio?
    a) ▢ Quale
    b) ▢ Quali

30. … pensi?
    a) ▢ Chi
    b) ▢ A chi

Vergleichen Sie nun Ihre Lösungen mit dem Schlüssel auf S. 156. Wenn Sie Aufgaben nicht richtig gelöst haben, wiederholen Sie noch einmal das betreffende Kapitel. Diese Tabelle zeigt Ihnen, auf welches Kapitel sich die einzelnen Aufgaben beziehen.

Aufgabe	Kapitel	Aufgabe	Kapitel
1	29	16	36
2	29	17	36
3	30	18	37
4	30	19	37
5	31	20	38
6	31	21	38
7	32	22	39
8	32	23	39
9	33	24	39
10	33	25	40
11	34	26	40
12	34	27	41
13	34	28	41
14	35	29	42
15	35	30	42

43 Tu non c'eri.
Du warst nicht da.

Imperfetto: Formen

Neben dem passato prossimo (→ Kap. 33, 34) gibt es im Italienischen eine andere sehr gebräuchliche Vergangenheitsform, das imperfetto (Imperfekt). Hauptsächlich wird es verwendet, um Zustände sowie Vorgänge in

der Vergangenheit zu beschreiben, die gewohnheitsmäßig oder von unbestimmter Dauer sind. (Mehr über den Gebrauch → Kap. 44)

Regel Das imperfetto wird gebildet, indem man an den Verbstamm folgende Endungen anfügt:

-are	-ere	-ire		giocare *spielen*	volere *wollen*	venire *kommen*
-avo	-evo	-ivo	(io)	giocavo	volevo	venivo
-avi	-evi	-ivi	(tu)	giocavi	volevi	venivi
-ava	-eva	-iva	(lui, lei, Lei)	giocava	voleva	veniva
-avamo	-evamo	-ivamo	(noi)	giocavamo	volevamo	venivamo
-avate	-evate	-ivate	(voi)	giocavate	volevate	venivate
-avano	-evano	-ivano	(loro)	giocavano	volevano	venivano

Da bambini giocavamo sempre insieme. *Als kleine Kinder spielten wir immer zusammen.*
Il pesce lo volevo cucinare la settimana scorsa. *(Den) Fisch wollte ich letzte Woche kochen.*
La domenica venivano sempre i miei zii a pranzo. *Sonntags kamen immer mein Onkel und meine Tante zum Mittagessen.*

Unregelmäßige Verben

Es gibt wenige Verben mit einer unregelmäßigen Bildung des imperfetto. Dabei ändert sich nur der Verbstamm, die Endungen bleiben erhalten. Die wichtigsten unregelmäßigen Verben sind:

	bere *trinken*	dire *sagen*	essere *sein*	fare *machen, tun*
(io)	bevevo	dicevo	ero	facevo
(tu)	bevevi	dicevi	eri	facevi
(lui, lei, Lei)	beveva	diceva	era	faceva
(noi)	bevevamo	dicevamo	eravamo	facevamo
(voi)	bevevate	dicevate	eravate	facevate
(loro)	bevevano	dicevano	erano	facevano

Tu non c'eri. *Du warst nicht da.*
Da giovane Marco faceva molto sport. *Als Marco jung war, trieb er viel Sport.*

Imperfetto: Formen

1. Ordnen Sie die Verbformen in die richtige Spalte ein.

leggeva • dormivi • facevano • si alzavano • guardava • parlavi • dicevo • uscivano • partivo • dovevamo • capivano • scrivevate • ti lavavi • bevevamo • sapevi • avevate

io	tu	lui / lei / Lei	noi	voi	loro

2. Vervollständigen Sie die Tabelle mit den fehlenden Verbformen.

cantare	prendere	salire
cantavo	_____	_____
_____	prendevi	_____
cantava	_____	_____
_____	_____	salivamo
_____	_____	salivate
_____	prendevano	_____

3. Vervollständigen Sie die Sätze mit den unten stehenden Verbformen.

seguivate   eravamo   lavoravo   facevi   andavamo   beveva   mettevano   finivi

a Prima _____ in banca, ora lavoro in proprio.
b Da bambini _____ sempre al mare in Spagna, sulla Costa Brava.
c A pranzo mio padre _____ sempre un bicchiere di vino.
d Federica e io _____ molto amiche ai tempi del liceo.
e I miei fratelli non _____ mai in ordine la loro camera.
f Perché non _____ i corsi all'università?
g Pino, a che ora _____ di studiare, quando andavi all'università?
h E tu che cosa _____ il fine settimana?

4. Ergänzen Sie mit der passenden Verbform im imperfetto.

a Per andare in ufficio mio padre *(dovere)* _____ prendere il treno.
b La sera, prima di dormire, mia madre ci *(raccontare)* _____ una favola.
c Quando eravate piccoli, *(mangiare)* _____ la verdura?
d Prima non *(noi / andare)* _____ mai al cinema.
e All'università Renato e Franco *(vivere)* _____ insieme ad altri tre studenti.
f Prima *(io / uscire)* _____ raramente.
g Lucio, *(fare)* _____ sport da ragazzo?
h Da giovane *(io / divertirsi)* _____ moltissimo con i miei amici.

44 Mi regalava sempre rose rosse.
Er hat mir immer rote Rosen geschenkt.

Imperfetto und passato prossimo: Gebrauch

Der Unterschied im Gebrauch von passato prossimo und imperfetto ist nicht immer leicht auszumachen. Folgende kontrastive Gegenüberstellung ist dabei hilfreich.

Prima del matrimonio mi regalava sempre rose rosse. Una volta mi ha addirittura regalato un anello.

Stamattina non mi ha nemmeno dato un bacio!

Regel ▶ Das **imperfetto** wird verwendet,

- um Personen und Dinge sowie Zustände in der Vergangenheit zu beschreiben;
  Era una donna bella e intelligente. *Sie war eine schöne und intelligente Frau.*
  Faceva freddo e pioveva. *Es war kalt und es regnete.*
  In chiesa non c'era nessuno. *In der Kirche war keiner da.*
- um Handlungen von unbestimmter Dauer zu beschreiben;
  Abitavamo in un piccolo paese di provincia. *Wir wohnten in einem kleinen Dorf in der Provinz.*
- um Vorgänge auszudrücken, die sich wiederholen oder gewohnheitsmäßig ablaufen;
  Quando studiavo all'università, andavo spesso in Inghilterra. *Als ich an der Uni studierte, bin ich oft nach England gefahren.*
  Mi regalava sempre rose rosse. *Er hat mir immer rote Rosen geschenkt.*
- wenn mehrere Handlungen gleichzeitig ablaufen.
  Mentre facevo la doccia, ascoltavo la musica. *Während ich duschte, habe ich Musik gehört.*

▶ Das **passato prossimo** verwendet man hingegen in folgenden Fällen:
- bei abgeschlossenen Vorgängen der Vergangenheit;
  Abbiamo abitato due anni a Roma. *Wir haben zwei Jahre in Rom gewohnt.*
- bei Handlungen, die einmalig sind oder aufeinander folgen.
  Una volta mi ha addirittura regalato un anello! *Ein Mal hat er mir sogar einen Ring geschenkt!*
  Siamo tornati a casa, abbiamo preparato la cena e poi abbiamo guardato la TV. *Wir sind heimgekehrt, haben das Abendessen vorbereitet und haben dann fern gesehen.*

! Ist eine Handlung noch nicht abgeschlossen, während eine weitere Handlung eintritt, verwendet man das imperfetto für die erste nicht abgeschlossene Handlung, das passato prossimo für die hinzutretende Handlung.

| Mentre facevo la doccia, | hanno bussato alla porta. | Während ich duschte, |
| nicht abgeschlossene Handlung | neu hinzutretende Handlung | hat es an die Tür geklopft. |

Imperfetto und passato prossimo: Gebrauch — 44

1. Ergänzen Sie den Text mit den rechts stehenden Verbformen.

Breve storia di Manuele
Da piccolo Manuele _____ un bambino vivacissimo. Dopo la scuola, tutti i pomeriggi, _____ a calcio con gli amici del quartiere. Poi, insieme alla mamma, _____ i compiti. Quando il papà _____ dall'ufficio, _____ insieme con i lego oppure _____ delle favole. Quando però era ora di andare a dormire, Manuele _____ a piangere e a gridare perché non _____ mai stanco. Una sera i suoi genitori disperati lo _____ nella sua camera. Allora Manuele _____ sul letto e _____ a saltare su e giù, tanto che alla fine il letto _____ . Quella sera Manuele _____ sul pavimento! Dato che il pavimento _____ duro, la mattina dopo Manuele _____ stanchissimo. Da quel giorno Manuele _____ sempre a dormire senza fare tante storie.

giocava — è andato — era — hanno chiuso — era — tornava — giocavano — cominciava — era — faceva — è salito — si sentiva — ha cominciato — si è rotto — ha dormito — leggevano

2. Imperfetto oder passato prossimo? Unterstreichen Sie die richtige Verbform.

a Chi *c'è stato / c'era* alla festa? – Non lo so. Non *ci sono andato / ci andavo*.
b Da ragazzo Luigi *ha portato / portava* gli occhiali. Adesso ha le lenti a contatto.
c Mentre *ho aspettato / aspettavo* il treno, *ho incontrato / incontravo* un vecchio amico di scuola.
d Nel 2002 *siamo stati / eravamo* in vacanza in Tailandia.
e Prima Laura e Giulio *hanno abitato / abitavano* a Torino, al centro. L'anno scorso *hanno comprato / compravano* una villa in campagna.
f Sofia *è stata / era* una ragazza molto timida, infatti a scuola non *ha parlato / parlava* mai!
g Mentre la mamma *ha preparato / preparava* la cena, i bambini *hanno fatto / facevano* i compiti.
h Domenica scorsa *abbiamo fatto / facevamo* una gita al lago e poi la sera *siamo andati / andavamo* a ballare.

3. Vervollständigen Sie den Dialog. Setzen Sie die Verben ins imperfetto oder passato prossimo.

▲ Ciao, Valeria! Allora, come *(passare)* _____ le vacanze?
● Bene, bene! Dunque, ti racconto: la mattina *(alzarsi)* _____ di solito verso le dieci, *(vestirsi)* _____ e *(scendere)* _____ a fare colazione. Poi *(comprare)* _____ il giornale e *(andare)* _____ in spiaggia.
▲ E il pomeriggio che *(fare)* _____ ?
● Ogni giorno qualcosa di diverso: una volta *(fare)* _____ una gita ad Amalfi, un'altra volta *(visitare)* _____ Pompei ...
▲ Ah, bello ... E la sera?
● Beh, prima *(cenare)* _____ al ristorante dell'albergo e poi *(fare)* _____ una passeggiata sul lungomare, *(mangiare)* _____ un gelato ...
▲ Una vacanza rilassante!

45 Lo sapevi?
Wusstest du das?

Modalverben, sapere und conoscere im imperfetto und passato prossimo

Regel

Die Bedeutung der Modalverben volere, dovere und potere ändert sich je nachdem, ob sie im imperfetto

oder passato prossimo gebraucht werden. Im imperfetto ist der Handlungsverlauf hypothetisch und kontextbedingt, im passato prossimo dagegen geht man von einer tatsächlich stattgefundenen Handlung aus.

Dovevo andare dal dottore.
Ich hätte zum Arzt gehen müssen.
(Es ist unklar, ob er / sie hingegangen ist.)
Potevamo vedere il film su Rai uno.
Wir hätten den Film auf Rai uno sehen können. (Es ist nicht klar, ob sie den Film gesehen haben.)
Ti volevo chiamare ma non ho avuto tempo.
Ich wollte dich anrufen, aber ich habe keine Zeit gehabt. (Er / Sie hat nicht angerufen.)

Sono dovuto andare dal dottore.
Ich musste zum Arzt gehen.
(Er / Sie ist hingegangen.)
Abbiamo potuto vedere il film su Rai uno.
Wir konnten den Film auf Rai uno sehen.
(Sie haben den Film gesehen.)
Ti ho voluto chiamare subito.
Ich habe dich sofort anrufen wollen.
(Er / Sie hat angerufen.)

! Das Verb volere kann im imperfetto auch Folgendes ausdrücken:
- eine höfliche Bitte;
  Volevo un'informazione. *Ich würde gerne eine Auskunft haben.*
- einen Wunsch oder eine Absicht.
  Luigia voleva fare un corso di francese. *Luigia hatte vor, einen Französischkurs zu besuchen.*

Auch sapere und conoscere ändern ihre Bedeutung je nachdem, ob sie im imperfetto oder passato prossimo gebraucht werden:
sapere bedeutet im imperfetto *wissen*, im passato prossimo *erfahren*;
conoscere bedeutet im imperfetto *kennen*, im passato prossimo *kennen lernen*.

Lo sapevi che adesso si possono comprare gli alberi di Natale on line?
Wusstest du, dass es jetzt möglich ist, Weihnachtsbäume online zu kaufen?
Conoscevo già Marta.
Ich kannte Marta schon.

Ho saputo che ti sei laureato.
Ich habe erfahren, dass du dein Studium abgeschlossen hast.

Ho conosciuto Marta all'università.
Ich habe Marta an der Universität kennen gelernt.

Modalverben, sapere und conoscere im imperfetto und passato prossimo 45

1. Verbinden Sie die linke mit der rechten Spalte zu sinnvollen Sätzen.

a Ugo ha appena saputo che
b Lo sapevi che
c Volevo sapere
d Vilma ha conosciuto
e Non conoscevo nessuno
f Dovevamo partire stamattina
g Ieri non sono potuto

1 il suo ragazzo chattando.
2 se hai voglia di giocare a tennis domenica.
3 ha superato l'esame.
4 al corso di computer.
5 ma purtroppo nevicava.
6 andare in ufficio perché avevo la febbre.
7 i vicini si sono trasferiti?

2. Vervollständigen Sie die Sätze mit den unten stehenden Verbformen.

(volevamo) (hai conosciuto) (ho saputo) (siamo potuti) (doveva) (potevi) (sapevate)

a *(noi)* _____ invitarvi a cena ma poi Melania ha avuto un incidente.
b Lo *(voi)* _____ che Anna e Paolo vogliono divorziare?
c Me lo _____ dire prima che stasera non hai tempo. Ho già comprato i biglietti!
d *(noi)* Non _____ andare in vacanza perché Giorgio ha trovato un nuovo lavoro.
e La tua amica di Barcellona non _____ arrivare oggi? – Sì, ma ha perso l'aereo!
f Quando *(tu)* _____ Fabrizio? – Tre anni fa.
g Giacomo si è fidanzato! – L' _____ ieri da una mia amica.

3. Ergänzen Sie den Dialog mit den angegebenen Verben im imperfetto oder passato prossimo.

▲ Giuliana, che brutta faccia! Che ti è successo?
● Guarda, di tutto! Come sai, *(dovere)* _____ partire ...
▲ Ah, è vero! *(tu / dovere)* _____ andare a Parigi per affari, no?
● Appunto ... Ieri pomeriggio, prima di partire, *(io / volere)* _____ fare alcune commissioni. Ho preso la macchina e sono andata all'ufficio postale. Lì, però, non *(potere)* _____ pagare la bolletta perché c'era un problema ai computer. Non *(volere)* _____ aspettare e quindi ho pensato di passare prima in farmacia. Sono entrata in macchina e ho visto che avevo una ruota bucata. Quindi *(dovere)* _____ andare subito dal meccanico che per fortuna era lì vicino.
▲ E il meccanico era chiuso!
● No, no, era aperto ma aveva molto da fare, perciò *(dovere)* _____ aspettare un sacco di tempo.
▲ Non *(tu / potere)* _____ lasciare la macchina lì?
● E no! La macchina mi serviva. *(io / dovere)* _____ ancora ritirare il biglietto e l'agenzia è dall'altro lato della città!
▲ Mi *(potere)* _____ chiamare.
● Beh, non ti *(volere)* _____ disturbare. Comunque alla fine ho risolto tutto. Ho ritirato il biglietto. Sono tornata a casa per fare la valigia e *(sapere)* _____ che il collega di Parigi era malato e quindi *(noi / dovere)* _____ rimandare l'appuntamento. Perciò non sono più partita!

46 È una ricetta che ho trovato in una rivista.

Es ist ein Rezept, das ich in einer Zeitschrift gefunden habe.

Relativpronomen: che oder cui?

Regel Wie im Deutschen kann man auch im Italienischen zwei Sätze mit Relativpronomen verbinden.

Es ist ein Rezept. Ich habe das Rezept in einer Zeitschrift gefunden.

Es ist ein Rezept, das ich in einer Zeitschrift gefunden habe.

Die wichtigsten Relativpronomen sind che und cui.

che

Das Relativpronomen che ist unveränderlich. Che wird im Nebensatz als Subjekt oder als direktes Objekt gebraucht.

Ho un amico **che** vive a San Francisco.   che ➡ Subjekt
  Ich habe einen Freund, der in San Francisco lebt.

Questi sono i due libri **che** ho letto volentieri.   che ➡ direktes Objekt
  Das sind die zwei Bücher, die ich gerne gelesen habe.

cui

Das Relativpronomen cui ist ebenfalls unveränderlich. Cui wird als indirektes Objekt (Dativ) oder nach einer Präposition (con, su etc.) verwendet.

La persona **a cui** ho mandato l'e-mail è una vecchia amica.   a cui ➡ indirektes Objekt
  Die Person, der ich die E-Mail geschickt habe, ist eine alte Freundin.

Bei cui kann die Präposition a eventuell entfallen:
La persona cui ho mandato l'e-mail è una vecchia amica.

Le persone **con cui** lavoro sono molto affidabili.   con cui ➡ Präposition + cui
  Die Leute, mit denen ich arbeite, sind sehr zuverlässig.

! Die Relativpronomen che und cui können durch ein weiteres Relativpronomen il quale (la quale, i quali, le quali) ersetzt werden, welches aber in der gesprochenen Sprache selten verwendet wird.

Le persone con le quali lavoro sono molto affidabili. *Die Leute, mit denen ich arbeite, sind sehr zuverlässig.*

Relativpronomen: che oder cui? 46

1. Bilden Sie Sätze.

a Non conosco la ditta per — lavora Umberto.
b Il film — era noiosissimo!
c Finalmente ho trovato l'appartamento che cercavo!
d Non sei ancora andato a vedere lo spettacolo di — ti ho tanto parlato?
e Hai visto il regalo — mi ha fatto Sabina?
f È un vaso prezioso a — tengo particolarmente.
g Quello è il ragazzo con cui — è uscita Roberta. Bello, vero?
h Mamma, l'asciugacapelli — hai comprato si è già rotto!

(abbiamo visto ieri sera)

2. Verbinden Sie die Sätze mit **che** oder **cui** + Präposition.

Conosci Francesco? A Francesco ho prestato il vocabolario d'inglese.
Conosci Francesco a cui ho prestato il vocabolario d'inglese?

a Ieri ho incontrato Erminia. Con Erminia ho seguito il corso di spagnolo.
   _____

b Gianluca vive in una strada. La strada è molto rumorosa.
   _____

c Vi piace il quadro? Ho dipinto questo quadro.
   _____

d Questa è la ragazza. Per questa ragazza Antonio ha perso la testa!
   _____

e Volete provare il cocktail? Ho preparato il cocktail proprio per voi.
   _____

3. Vervollständigen Sie mit **che** oder **cui** + Präposition.

a Tania e Cristiano sono quei ragazzi _____ ho conosciuto a Rimini.
b Quanto era alta la montagna _____ siete saliti?
c Come si chiamava la ragazza _____ abitavi a Londra?
d Finalmente abbiamo visto la mostra _____ ci hai parlato.
e Guarda, quella è la casa _____ hanno comprato Anna e Luigi.
f Come si chiama l'ultimo libro _____ ha scritto Umberto Eco?
g La persona _____ abbiamo chiesto l'informazione è stata gentilissima.
h Hai visto il quaderno _____ era qui sul tavolo?

47 Ti avevo detto di chiedere un dépliant dell'albergo!
Ich hatte dich gebeten, nach einem Prospekt von dem Hotel zu fragen!

Trapassato prossimo

Regel Trapassato prossimo ➡ Vorvergangenheit

Das trapassato prossimo entspricht dem deutschen Plusquamperfekt und beschreibt Handlungen oder Zustände der Vergangenheit, die zeitlich vor anderen Vorgängen stattgefunden haben.

Ti **avevo detto** di chiedere un dépliant dell'albergo! Ma non l'hai fatto. *Ich hatte dich gebeten, nach einem Prospekt von dem Hotel zu fragen! Du hast es aber nicht getan.*
Carlo **era** già **partito**, quando gli ho telefonato. *Carlo war schon abgereist, als ich ihn angerufen habe.*

Wie im deutschen Plusquamperfekt wird das trapassato prossimo im Italienischen mit den Formen des imperfetto von avere bzw. essere und dem Partizip Perfekt (→ Kap. 33, 34) des Hauptverbs gebildet.

	imperfetto von avere	Partizip Perfekt		imperfetto von essere	Partizip Perfekt
(io)	avevo		(io)	ero	
(tu)	avevi		(tu)	eri	partito/-a
(lui, lei, Lei)	aveva		(lui, lei, Lei)	era	
(noi)	avevamo	detto	(noi)	eravamo	
(voi)	avevate		(voi)	eravate	partiti/-e
(loro)	avevano		(loro)	erano	

Trapassato prossimo 47

1. Verbinden Sie die linke mit der rechten Spalte zu sinnvollen Sätzen.

a Poiché mi era venuta fame, …   1 e l'ho rivista ieri, per caso, al supermercato.
b Non ho fatto l'esame …   2 ho mangiato un panino con la mortadella.
c Ieri avevo pensato di telefonarti …   3 ma non sono riuscito a trovare il tuo numero.
d Avevo conosciuto Giulia in treno …   4 siamo potuti andare alla festa.
e Erano usciti per comprare un regalo …   5 perché non avevo studiato tutto il programma.
f Poiché avevamo finito quel lavoro, …   6 ma non hanno trovato niente di bello.

2. Ergänzen Sie die Sätze mit den angegebenen Verben.

(avevamo fissato)   (era ancora finita)   (aveva regalato)
(aveva appena cominciato)   (era già andata)

a Quando sono andato via, la riunione non _____ .
b _____ a piovere, quando ho deciso di uscire.
c Quando sono tornato a casa, Clelia _____ a letto.
d Il mio ragazzo, per il mio compleanno, mi ha regalato lo stesso pullover che mi _____ l'anno scorso!
e _____ l'appuntamento dall'avvocato due settimane fa e poi l'abbiamo dimenticato.

3. Setzen Sie die Verben ins trapassato prossimo.

a L'altro ieri un passante mi ha chiesto un'informazione. Io ho parlato per mezz'ora e poi ho notato che non *(capire)* _____ niente, perché non parlava l'italiano!
b Renato e Fabio *(comprare)* _____ due biglietti per lo stadio, ma poi si sono ammalati e non sono potuti andarci.
c *(noi / decidere)* _____ di sposarci, ma poi Nino mi ha lasciato.
d Quando sono uscita dal teatro, ero scioccata … Non *(vedere)* _____ mai _____ un balletto così brutto!

4. Passato prossimo, trapassato prossimo oder imperfetto? Ergänzen Sie die Sätze.

a Poiché *(noi / dimenticare)* _____ di innaffiare le piante, al ritorno dalle vacanze le *(noi / trovare)* _____ tutte secche.
b Siccome dalla nascita di nostro figlio non *(noi / trascorrere)* _____ più _____ una serata da soli, ieri *(chiamare)* _____ una baby-sitter e finalmente *(uscire)* _____ ! *(prenotare)* _____ un tavolo al ristorante, ma poi *(cambiare)* _____ idea e *(andare)* _____ al cinema.
c Dato che ieri Rita e Stefania non *(mangiare)* _____ niente tutto il giorno, la sera *(andare)* _____ in pizzeria. Lì *(conoscere)* _____ due tipi di Milano, i quali *(volere)* _____ portarle in discoteca, ma Rita e Stefania *(essere)* _____ stanchissime e *(rifiutare)* _____ l'invito!

48 Potresti comprarne una nuova!
Du könntest ein neues kaufen!

Condizionale presente: Formen

Regel Das condizionale presente kann im Deutschen mit der Struktur „ich würde + Infinitiv", z. B. für direi *ich würde sagen*, oder mit dem Konjunktiv Imperfekt, z. B. für potresti *du könntest*, wiedergegeben werden.

Sì, caro, la macchina è proprio vecchia. Potresti comprarne una nuova!

Die Formen des condizionale presente werden aus dem Infinitiv des Verbs abgeleitet. Dabei wird die Infinitivendung um den letzten Vokal verkürzt und die Endungen des condizionale presente (-ei, -esti, -ebbe, -emmo, -este, -ebbero) werden angehängt: scrivere ➡ scriver-ei.

Regelmäßige Verben

	guardare *sehen*	scrivere *schreiben*	preferire *bevorzugen*
(io)	guarderei	scriverei	preferirei
(tu)	guarderesti	scriveresti	preferiresti
(lui, lei, Lei)	guarderebbe	scriverebbe	preferirebbe
(noi)	guaderemmo	scriveremmo	preferiremmo
(voi)	guardereste	scrivereste	preferireste
(loro)	guarderebbero	scriverebbero	preferirebbero

!
- Bei den Verben der ersten Konjugation (-are) ändert sich das -a der Infinitivendung zu einem -e, z. B. guardare ➡ guarder-ei *(ich würde sehen)*. Ausnahmen sind dare ➡ dar-ei *(ich würde geben)*, fare ➡ far-ei *(ich würde machen)*, stare ➡ star-ei *(ich würde bleiben)*.
- Bei den Verben mit Infinitivendung auf -care und -gare wird zur Beibehaltung des ursprünglichen Lautes ein h zwischen dem Verbstamm und der Endung eingefügt: cercare ➡ cercher-ei *(ich würde suchen)*, pagare ➡ pagher-ei *(ich würde bezahlen)*.
- Die Verben mit Endung auf -giare und -ciare verlieren das i ihres Stammes: mangiare ➡ manger-ei *(ich würde essen)*, baciare ➡ bacer-ei *(ich würde küssen)*.

Unregelmäßige Verben

Bei unregelmäßigen Verben ändert sich nur der Verbstamm, während die Endungen des condizionale presente erhalten bleiben. Nach dem gleichen Prinzip wird das Futur gebildet (→ Kap. 54). Hier eine Liste einiger unregelmäßiger Verben (→ Anhang):

andare ➡ andrei, ... *(ich würde gehen)* potere ➡ potrei, ... *(ich könnte)*
avere ➡ avrei, ... *(ich hätte)* sapere ➡ saprei, ... *(ich wüsste)*
dovere ➡ dovrei, ... *(ich müsste)* venire ➡ verrei, ... *(ich würde kommen)*
essere ➡ sarei, ... *(ich wäre)* volere ➡ vorrei, ... *(ich möchte)*

Condizionale presente: Formen

1. Tragen Sie die Verbformen in den passenden Sack ein.

avreste, guadagnerei, finirebbero, parlereste, sarebbe, prenderemmo, salirebbe, vorrei, berresti, andremmo

2. Vervollständigen Sie die Tabelle, indem Sie die rechts stehenden Verbformen einordnen.

aiutare	vivere	capire
aiuterei	_____	_____
_____	_____	_____
_____	_____	capirebbe
_____	_____	_____
_____	_____	_____
_____	vivrebbero	_____

vivrebbe, capirei, vivrei, capiresti, aiuterebbe, vivreste, capiremmo, capireste, vivremmo, aiuterebbero, aiutereste, aiuteremmo, vivresti, aiuteresti, capirebbero

3. Setzen Sie die Verben in das condizionale presente.
a Caro, *(potere)* _____ comprare una macchina nuova!
b *(io / volere)* _____ una camera doppia, per favore.
c I signori Masini *(desiderare)* _____ comprarsi una villetta al mare.
d Mamma, mi *(aiutare)* _____ a preparare il buffet per la festa?
e Ragazzi, *(fare)* _____ bene a studiare di più per l'esame!
f A Loredana *(piacere)* _____ conoscere gente nuova.
g Scusi, *(sapere)* _____ dirmi dov'è la stazione?
h Pierpaolo, Giorgio, *(avere)* _____ tempo domani di fare una partita a calcio?

4. Vervollständigen Sie die Sätze mit dem passenden Verb im condizionale presente.
dire • dovere • rimanere • essere • prestare • venire
Sono ingrassata! *Dovrei* proprio fare una dieta!
a Che ne *(voi)* _____ di fare una gita domani?
b *(noi)* _____ felici di avervi a cena sabato sera.
c I miei amici _____ a dormire da me, ma i loro genitori non vogliono.
d Lia _____ a trovarci domani, ma c'è lo sciopero dei treni.
e Dario, mi _____ la macchina per un paio d'ore?

49 Vorrei tanto sapere ...
Ich würde so gerne wissen ...

Condizionale presente: Gebrauch

Regel

Das condizionale presente wird benutzt, um folgende Sachverhalte auszudrücken:

- Wünsche;

  Vorrei tanto sapere che c'è in questa zuppa. *Ich würde so gerne wissen, was diese Suppe enthält.*

  Io preferirei non saperlo. *Ich würde es lieber nicht wissen.*

- höfliche Bitten;

  Mi passeresti il pane? *Könntest du mir das Brot reichen?*

  Ci darebbe un passaggio? *Würden Sie uns mitnehmen?*

- Vorschläge;

  Potresti comprare una macchina nuova. *Du könntest ein neues Auto kaufen.*

  Ti andrebbe di giocare a tennis, domenica? *Hättest du Lust, am Sonntag Tennis zu spielen?*

- Ratschläge;

  Al posto Suo andrei dal medico. *An Ihrer Stelle würde ich zum Arzt gehen.*

  Dovresti studiare di più. *Du solltest mehr lernen.*

- Möglichkeiten bzw. Wahrscheinlichkeit.

  Oggi potrei aiutarti, se vuoi. *Heute könnte ich dir helfen, wenn du willst.*

  Forse Matteo mi presterebbe la sua tenda. *Matteo würde mir vielleicht sein Zelt leihen.*

Condizionale presente: Gebrauch 49

1. Schreiben Sie die Sätze um, indem Sie das condizionale presente verwenden.

Monica vuole imparare lo spagnolo.   *Monica vorrebbe imparare lo spagnolo.*

a Simona, devi cercare di stare più attenta! _____
b Mi aiutate a portare questa cassa in cantina? _____
c Domani faccio un giro in centro. _____
d Preferiamo prendere solo un secondo. _____
e Le dispiace aprire la porta? _____
f Non dovete correre tanto con la moto! _____

2. Setzen Sie die Verben in das condizionale presente.

a Beh, se non è a casa, *(tu / potere)* _____ provare a chiamarla sul cellulare.
b Pensi che Milena e Cinzia *(iscriversi)* _____ in palestra con noi?
c A loro *(piacere)* _____ molto fare un corso di tango.
d Ci *(Lei / potere)* _____ portare il conto?
e Al posto tuo gli *(io / dire)* _____ apertamente che non sei d'accordo.
f Scusate, mi *(dare)* _____ una mano? Da solo non ce la faccio!
g Amore, lo sai, senza te *(sentirsi)* _____ inutile!
h Stasera *(noi / guardare)* _____ volentieri il festival di Sanremo, ma il televisore è rotto.

3. Vervollständigen Sie die Sätze mit den angegebenen Verben im condizionale presente.

| vivere   fare   dovere   lavorare   ~~volere~~   piacere   preparare   accendere |

(io) *Vorrei* vedere quella giacca di pelle in vetrina.

a Pisa è una città molto carina. Fabio e Teresa ci _____ volentieri.
b _____ gli spaghetti alla carbonara, ma non abbiamo più uova.
c Mamma mia, sei sempre davanti al computer! _____ uscire, vedere gente ...
d Sono stressata! – Al posto tuo _____ di meno.
e Ho un terribile mal di schiena! – Dei massaggi ti _____ bene.
f Che freddo! *(tu)* _____ il riscaldamento, per favore?
g Nina è simpatica. Mi _____ invitarla a cena.

4. Übersetzen Sie folgende Sätze.

a Würdest du mir die Flasche reichen? _____
b Könnten Sie bitte das Fenster schließen? _____
c Du solltest einen neuen Job suchen. _____
d Ich würde dich gerne besuchen. _____
e Meine Kinder sollten zur Mittagszeit zurückkommen. _____
f Ich würde gerne eine Reise machen. _____

50 Gli sarebbe piaciuto frequentare l'Accademia di Belle Arti.
Er hätte gern die Kunstakademie besucht.

Condizionale passato

Regel
Das condizionale passato ist die Möglichkeitsform der Vergangenheit.
Es wird gebraucht, um
- einen nicht erfüllten Wunsch zu formulieren;
  Gli **sarebbe piaciuto** frequentare l'Accademia di Belle Arti.
    Er hätte gern die Kunstakademie besucht.
- eine Handlung auszudrücken, die in der Vergangenheit unter anderen Umständen geschehen wäre;
  Saremmo andati al vernissage, ma dovevamo lavorare.
    Wir wären zur Vernissage gegangen, aber wir mussten arbeiten.
- einen auf die Vergangenheit bezogenen Ratschlag höflich wiederzugeben.
  Avresti dovuto raccontare la verità subito. *Du hättest die Wahrheit sofort erzählen sollen.*

Formen
Das condizionale passato ist eine zusammengesetzte Zeitform. Es wird aus den Formen des condizionale presente von avere und essere und dem Partizip Perfekt (→ Kap. 33, 34) des Hauptverbs gebildet, z. B. avrei parlato *(ich hätte gesprochen)*, sarei partito *(ich wäre abgefahren)*.

	condizionale presente von avere	Partizip Perfekt		condizionale presente von essere	Partizip Perfekt
(io)	avrei		(io)	sarei	
(tu)	avresti		(tu)	saresti	partito/-a
(lui, lei, Lei)	avrebbe		(lui, lei, Lei)	sarebbe	
(noi)	avremmo	parlato	(noi)	saremmo	
(voi)	avreste		(voi)	sareste	partiti/-e
(loro)	avrebbero		(loro)	sarebbero	

Condizionale passato 50

1. Wandeln Sie die Sätze um. Folgen Sie dem Beispiel.

Mi iscriverei volentieri in palestra.   *Mi sarei iscritto volentieri in palestra.*
a Potremmo andare insieme dal parrucchiere.   _____
b Mi piacerebbe partecipare a un concorso di bellezza.   _____
c Oggi mangerei volentieri le penne al salmone.   _____
d Due miei amici vorrebbero fare il giro del mondo.   _____
e Cambiando lavoro faresti carriera.   _____
f Dovreste essere più gentili con Marina!   _____

2. Vervollständigen Sie die Minidialoge mit den Verben im condizionale passato und mit den rechts stehenden Angaben.

Perché non hai ancora letto il libro che ti ho regalato?
(volere) L'*avrei voluto* leggere, ma *non ho avuto tempo*.

a Allora, siete stati a Venezia?
   Ci *(andare)* _____ , ma non abbiamo trovato _____ !
b Signora, ha chiamato la dottoressa Pascali?
   (fare) L' _____ , ma il telefono _____ .
c Sai, il cappotto non l'ho più comprato.
   Peccato! *(potere)* L' _____ comprare, _____ !
d Ce l'ho fatta! Ho pitturato tutto l'appartamento.
   Perché _____ ? Ti *(aiutare)* _____ .

Angaben:
- ~~non ho avuto tempo~~
- non me lo hai detto
- ti stava benissimo
- era rotto
- nemmeno una camera libera

3. Condizionale presente (→ Kap. 48, 49) oder passato? Ergänzen Sie mit der richtigen Zeitform.

a Purtroppo domani non posso, altrimenti la *(portare)* _____ io la macchina dal meccanico.
b Perché non siete venuti alla festa? *(divertirsi)* _____ !
c Al tuo posto glielo *(dire)* _____ che non vuoi uscire con lui.
d Mia sorella ha dieci anni: da grande *(volere)* _____ fare l'attrice!
e *(noi / potere)* _____ passare una settimana in montagna. Che ne dite?
f Peccato che non hai accettato quel lavoro. *(tu / guadagnare)* _____ un sacco di soldi!
g Non *(tu / dovere)* _____ bere tutto quel caffè, per questo stanotte non hai dormito.
h Mi *(piacere)* _____ venirti a trovare. Quando hai tempo?

51 Chiudi la finestra!
Schließe das Fenster!

Regel

Imperativ (tu, Lei, voi)
Der Imperativ wird benutzt, um Befehle oder Ratschläge zu erteilen.
Chiudi la finestra!
  Schließe das Fenster!
Ho mal di testa. –
Prenda un'aspirina.
  Ich habe Kopfschmerzen. – Nehmen Sie ein Aspirin.
Andate via!
  Geht / Gehen Sie weg!

Regelmäßige Verben

	-are	-ere	-ire	-ire (-isc-)
	scusare	chiudere	aprire	pulire
	entschuldigen	*schließen*	*öffnen*	*putzen*
(tu)	scusa	chiudi	apri	pulisci
(Lei)	scusi	chiuda	apra	pulisca
(voi)	scusate	chiudete	aprite	pulite

- Die Subjektpronomen (tu, Lei, voi) werden im Imperativ weggelassen.
- Identisch mit dem Präsens Indikativ sind: die du-Form (tu) der Verben auf -ere und -ire und die ihr-Form (voi) der Verben auf -are, -ere und -ire.
- Die Verben auf -ire mit Stammerweiterung auf -isc- behalten bei den tu- und Lei-Formen die Erweiterung -isc- bei.
- Die Sie-Form (Lei) der Verben auf -are, -ere und -ire stammt aus dem congiuntivo presente (→ Kap. 57).

Unregelmäßige Verben
Die Verben, die im Präsens Indikativ unregelmäßig sind, haben Unregelmäßigkeiten auch im Imperativ. Hier sind die wichtigsten aufgelistet.

	andare	avere	bere	dare	dire	essere	fare	stare	uscire	venire
	gehen	*haben*	*trinken*	*geben*	*sagen*	*sein*	*tun, machen*	*liegen*	*ausgehen*	*kommen*
(tu)	va' / vai	abbi	bevi	da' / dai	di'	sii	fa' / fai	sta' / stai	esci	vieni
(Lei)	vada	abbia	beva	dia	dica	sia	faccia	stia	esca	venga
(voi)	andate	abbiate	bevete	date	dite	siate	fate	state	uscite	venite

! Die Verben andare, dare, fare und stare haben in der 2. Person Singular zwei Formen.

Imperativ (tu, Lei, voi) 51

1. Ordnen Sie die Verbformen dem passenden Feld zu.

2. Setzen Sie die Verben in den Imperativ.
a Scusi, *(essere)* _____ gentile! Mi dà una mano a parcheggiare l'auto?
b Signora, *(spedire)* _____ questi documenti, per favore.
c Giacomo, *(stare)* _____ attento. Ti potresti fare male.
d Teresa, *(chiudere)* _____ la porta a chiave quando esci.
e Nino, *(cominciare)* _____ a prepararti. Tra poco usciamo.
f Gianni, Anna, *(prendere)* _____ una fetta di torta. È buonissima!

3. Wandeln Sie die Sätze um, indem Sie die Verben in den Imperativ (tu, Lei oder voi) setzen.

Dovresti mangiare cose leggere!   *Mangia cose leggere!*
a Dovresti fare un bel viaggio!   _____
b Dovrebbe avere un po' di pazienza!   _____
c Dovreste stare zitti!   _____
d Dovrebbe venire più spesso!   _____
e Dovresti scrivere una lettera a tua nonna!   _____

4. Suchen Sie die passende Reaktion zu folgenden Aussagen und setzen Sie die Verben in den Imperativ (tu, Lei oder voi).

Mamma, domani ho il compito in classe di matematica!
Allora *studia tutto il pomeriggio!*

a Scusi, avrei bisogno di un medico.
_____

b Oddio, signora, sono stanchissimo! Tra poco mi addormento.
Beh, _____

c Manuela, aiuto! Sono ingrassata di dieci chili!
Allora, _____

d Non abbiamo ancora pensato al regalo per la festa del papà.
Beh, _____

e Uffa! Stiamo sempre in casa a guardare la TV!
_____

uscire con degli amici
studiare tutto il pomeriggio
chiedere nella farmacia lì all'angolo
andare dal dietologo
comprare l'ultimo CD di Adriano Celentano
bere un bel caffè forte forte

52 Fammi chiamare il tecnico!
Lass mich den Fachmann anrufen!

Stellung der Pronomen beim Imperativ

Regel Der Imperativ wird sehr oft in Verbindung mit Reflexivpronomen (mi, ti, si etc.), unbetonten Objektpronomen (mi, ti, gli etc.), zusammengesetzten Pronomen (me lo, te lo, glielo etc.) sowie mit den Pronominaladverbien ci und ne benutzt. Meistens werden diese Pronomen direkt an den Imperativ angehängt. Folgende Regeln sollten Sie beachten:

▶ du-Form (tu)
Wenn man sich an eine Person wendet, die man duzt, werden die Pronomen und die Pronominaladverbien ci und ne an die Imperativform angehängt.
Accomodati! *Nimm bitte Platz!*
Mandale una cartolina da Vienna. *Schick ihr eine Postkarte aus Wien.*
Spiegacelo, per favore! *Erklär es uns, bitte!*
Roma è una città unica. **Tornaci!** *Rom ist eine einzigartige Stadt. Fahr wieder hin!*
Parlane con tuo padre. *Sprich mit deinem Vater darüber.*

Bei den einsilbigen Imperativformen (z. B. da', di', fa') verdoppelt sich der Konsonant des Pronomens. Gleiches gilt für ci bzw. ne. Diese Regel gilt nicht für das Pronomen gli.
Fammi chiamare il tecnico. *Lass mich den Fachmann anrufen.*
Avanti, **dimmelo**. *Los, sag es mir.*
Vacci, se vuoi. *Geh dorthin, wenn du willst.*
aber **Digli** la verità. *Sag ihm die Wahrheit.*

▶ Sie-Form (Lei)
Bei der Höflichkeitsform im Singular stehen die Pronomen und die Pronominaladverbien ci und ne als eigene Wörter vor der Imperativform.
Prego, **si accomodi!** *Nehmen Sie bitte Platz!*
Glielo dica! *Sagen Sie es ihm!*
Ne prenda pure una fetta. *Nehmen Sie doch ein Stück (davon).*

▶ ihr-Form (voi)
Wenn man sich an eine Mehrzahl von Personen wendet (auch in der Höflichkeitsform), werden die Pronomen und die Pronominaladverbien ci und ne an die Imperativform angehängt.
Prego, **accomodatevi!** *Nehmt / Nehmen Sie bitte Platz!*
Mandatele una cartolina da Vienna. *Schickt ihr eine Postkarte aus Wien.*
Roma è una città unica. **Tornateci!** *Rom ist eine einzigartige Stadt. Fahrt wieder hin!*

Stellung der Pronomen beim Imperativ 52

1. Verbinden Sie die Dialogteile.

a Allora, ci andiamo alla fiera?
b Domani mattina hai l'esame?
c Ciao, Pina!
d Il prosciutto, lo vuole?
e Devo telefonare al dottor Fini?
f Lorenzo lo sa che stasera giochiamo a carte?

1 No, gli mandi un'e-mail.
2 Diteglielo voi.
3 Sì! Anzi, svegliami presto, per piacere.
4 Che sorpresa! Prego, accomodati.
5 Sì, certo. Me ne dia due etti, per favore.
6 Vacci tu. Io non ho tempo.

2. Ersetzen Sie die unterstrichenen Satzteile mit den passenden Pronomen. Verbinden Sie sie falls nötig mit der Imperativform.

Di' a Rosa che l'ami.   *Dille che l'ami.*

a Leggi questo libro. È molto interessante. _____
b Compra due chili di patate. _____
c Faccia la fila come gli altri! _____
d A Natale recitate la poesia ai vostri genitori. _____
e Vada all'ufficio postale, se può. _____
f Da' una mano a tua madre. _____
g Aiutate i bambini a fare i compiti. _____

3. Ergänzen Sie die Sätze mit den Verben im Imperativ und mit den passenden Pronomen.

a Caro, *(ricordarsi)* _____ di comprare i fiori per tua madre.
b Se vuoi andare al concerto, *(andare)* _____ pure. Io non ne ho voglia.
c Regaliamo una borsa alla nonna? – *(regalare)* _____ voi. Io le compro un'altra cosa.
d Carla, hai preso già la posta? – *(prendere)* _____ tu. Io devo cucinare.
e Quante volte vi devo dire che la TV a quest'ora non si vede? *(spegnere)* _____ !
f Può spiegare al tecnico quello che deve fare? – No, guardi, *(spiegare)* _____ Lei.
g Avanti, bambini, *(lavarsi)* _____ le mani. Si mangia.

4. Vervollständigen Sie die Sätze mit dem passenden Verb im Imperativ und mit den richtigen Pronomen.

| bere | pulirsi | affettare | restituire | ~~dare~~ | venire |

Non ti sopporto più! Dove hai nascosto le chiavi? Avanti, *dammele*!

a Non lo so se vengo alla gita di classe. – Dai, _____ ! Ci divertiamo.
b Quanta mortadella vuole? – _____ tre etti, per cortesia.
c Signora, posso avere un altro po' di vino? – Prego. _____ pure tutto.
d Vi abbiamo prestato la telecamera un mese fa. Adesso ci serve. _____ per favore.
e Bambini, _____ le scarpe prima di entrare. Ho appena lavato il pavimento.

53 Non essere pessimista!
Sei nicht pessimistisch!

Verneinter Imperativ (tu, Lei, voi)

Regel
Fordert man jemanden auf, etwas nicht zu tun, dann verwendet man im Italienischen so wie im Deutschen den verneinten Imperativ.
Für die Bildung des verneinten Imperativs gelten folgende Regeln:

- Bei der **du-Form** (tu) wird die Verneinung des Imperativs mit non + Infinitiv gebildet.
Non essere pessimista!
  Sei nicht pessimistisch!

Die Reflexivpronomen, die unbetonten Objektpronomen sowie ci und ne können entweder vor der Infinitivform stehen oder an die Infinitivform angehängt werden. Dabei entfällt das -e der Infinitivendung.
Non ti muovere! / Non muoverti! *Bewege dich nicht!*

- Bei der **Sie-Form** (Lei) wird die Verneinung mit non + Imperativ gebildet.
Non beva troppi alcolici! *Trinken Sie nicht zu viele alkoholische Getränke!*

Die Reflexivpronomen, die unbetonten Objektpronomen sowie ci und ne stehen zwischen non und der Imperativform.
Non gli dica niente! *Sagen Sie ihm nichts!*

- Bei der **ihr-Form** (voi) wird die Verneinung ebenfalls mit non + Imperativ gebildet.
Non lavorate troppo! *Arbeitet / Arbeiten Sie nicht zu viel!*

Die Reflexivpronomen, die unbetonten Objektpronomen sowie ci und ne können zwischen non und der Imperativform stehen oder an die Imperativform angehängt werden.
Non ci andate! / Non andateci! *Geht / Gehen Sie nicht dorthin!*

Verneinter Imperativ (tu, Lei, voi) 53

1. Vervollständigen Sie folgende Tabelle.

tu	Lei	voi
Non ti preoccupare!	_____	_____
_____	_____	Non dite bugie!
_____	Non spenda troppo!	_____
_____	_____	Non alzatevi tardi!
Non avere fretta!	_____	_____
_____	Non gli dia niente!	_____

2. Setzen Sie die Verben in den verneinten Imperativ. Falls nötig benutzen Sie auch das passende Pronomen.

a Ragazzi, *(partire)* _____ il primo agosto. C'è un traffico terribile!
b Signori, *(alzarsi)* _____ , non è necessario.
c Su, Robertino, *(fare)* _____ i capricci! Adesso devi andare a dormire.
d Tina, *(essere)* _____ maleducata! Questa non è casa tua.
e Rita, sabato vado a vedere la mostra! – No, *(andarci)* _____ , è orribile!
f Ingegnere, buonasera! Lunedì *(venire)* _____ , l'incontro è stato spostato.

3. Wandeln Sie die Sätze um, indem Sie die Verben in den verneinten Imperativ (tu, Lei oder voi) setzen.

Non dovresti mangiare tanti dolci!   <u>Non mangiare tanti dolci!</u>
a Non dovresti parlare mentre mangi! _____
b Non dovrebbe dire sempre quello che pensa! _____
c Non dovreste uscire ogni sera! _____
d Non dovrebbe dare troppo di mancia! _____
e Non dovresti scrivere sui muri! _____

4. Suchen Sie die passende Reaktion zu folgenden Aussagen und setzen Sie die Verben in den verneinten Imperativ (tu, Lei oder voi). Falls nötig fügen Sie auch das passende Pronomen ein.

Dottore, ho la febbre alta!
<u>Non vada a lavorare domani!</u>   ~~non andare a lavorare domani~~

a Mamma, mi fanno male gli occhi!
_____   non dire niente

b Abbiamo scoperto che la moglie di Vittorio lo tradisce!
_____   non perdere tempo

c Giorgio, ho sempre mal di schiena!
_____   non sollevare cose troppo pesanti

d Direttore, c'è un sacco di lavoro oggi!
Allora, _____   non stare troppe ore davanti al computer

121

Kapitel 43–53

Wählen Sie die richtige Form.

imperfetto und passato prossimo

1. Da piccola Anna non … mai la televisione.
   a) vedevo
   b) vedeva

2. Prima (noi) … delle lunghe passeggiate in montagna.
   a) facevano
   b) facevamo

3. Al matrimonio di mio figlio … un abito lungo.
   a) portavo
   b) ho portato

4. Nel 2001 (loro) … il giro del mondo.
   a) facevano
   b) hanno fatto

5. Mentre lavavo i vetri, …
   a) è arrivata una visita.
   b) arrivava una visita.

6. Allora, … i genitori della tua ragazza?
   a) hai conosciuto
   b) conoscevi

7. … dirtelo ma non ho avuto il coraggio.
   a) Volevo
   b) Ho voluto

8. … che Massimo si è trasferito?
   a) Lo avete saputo
   b) Lo sapevate

che und cui

9. La ragazza a … scrivo viene da Lisbona.
   a) che
   b) cui

10. Oggi arrivano le mie cugine … vivono a Bari.
    a) che
    b) cui

11. Ho degli amici su … posso sempre contare.
    a) che
    b) cui

trapassato prossimo

12. … pensato di uscire ma poi mi è venuto un terribile mal di testa.
    a) Ero
    b) Avevo

13. La festa … quando siamo arrivati.
    a) è già finita
    b) era già finita

14. … i biglietti per la partita ma poi non ci sono potuto andare.
    a) Avevo comprato
    b) Ho comprato

condizionale presente und condizionale passato

15. Carlo, mi … a preparare il pranzo?
    a) aiuteresti
    b) aiuterebbe

16. Io non … mai in campagna!
    a) vivreste
    b) vivrei

17. Scusi, ci … un'informazione?
    a) daresti
    b) darebbe

Kapitel 43–53

TEST 4

18. I bambini … andare a letto alle otto!
    a) ▢ dovremmo
    b) ▢ dovrebbero

19. Attraverso un agente immobiliare … trovato subito un appartamento.
    a) ▢ avreste
    b) ▢ sareste

20. … Gianna, ma lei era innamorata del mio migliore amico!
    a) ▢ Sposerei
    b) ▢ Avrei sposato

21. Purtroppo avevamo un impegno, altrimenti …
    a) ▢ saremmo venuti a vedere la gara.
    b) ▢ verremmo a vedere la gara.

Imperativ

22. … , mi potrebbe aiutare?
    a) ▢ Scusa
    b) ▢ Scusi

23. Ragazzi, adesso … zitti!
    a) ▢ stai
    b) ▢ state

24. Lorenzo, per piacere, … la finestra.
    a) ▢ apri
    b) ▢ apra

25. Hai comprato la frutta? - … tu, per cortesia.
    a) ▢ Comprala
    b) ▢ La compri

26. Prego, signori, … !
    a) ▢ servitevi
    b) ▢ vi servite

27. Papà, posso andare a dormire da Marco? – Certo … pure.
    a) ▢ vacci
    b) ▢ ci va

28. Fabio, … bibite troppo fredde!
    a) ▢ non bevi
    b) ▢ non bere

29. Attento! … sedere, la sedia è rotta.
    a) ▢ Ti non
    b) ▢ Non ti

30. Signor Balla, … niente per favore.
    a) ▢ non dica
    b) ▢ non dire

Vergleichen Sie nun Ihre Lösungen mit dem Schlüssel auf S. 158. Wenn Sie Aufgaben nicht richtig gelöst haben, wiederholen Sie noch einmal das betreffende Kapitel. Diese Tabelle zeigt Ihnen, auf welches Kapitel sich die einzelnen Aufgaben beziehen.

Aufgabe	Kapitel	Aufgabe	Kapitel
1	43	16	48/49
2	43	17	48/49
3	44	18	48/49
4	44	19	50
5	44	20	50
6	45	21	50
7	45	22	51
8	45	23	51
9	46	24	51
10	46	25	52
11	46	26	52
12	47	27	52
13	47	28	53
14	47	29	53
15	48/49	30	53

54 Saranno delle vacanze stupende!
Es wird ein toller Urlaub werden!

Futuro semplice

Um über die Zukunft zu sprechen oder um Vermutungen auszudrücken, wird im Italienischen die Zeitform des futuro semplice benutzt.
Saranno delle vacanze stupende!
 Es wird ein toller Urlaub werden!
Quanti anni **avrà** Rosaria?
 Wie alt wird Rosaria sein?

Regel Die Formen des futuro semplice werden vom Infinitiv des entsprechenden Verbs abgeleitet. Dabei wird die Infinitivendung um den letzten Vokal verkürzt und es werden die Endungen des futuro semplice (-ò, -ai, -à, -emo, -ete, -anno) angehängt: scrivere ➡ scriver-ò *(ich werde schreiben)*.

▶ Regelmäßige Verben

	guardare *sehen*	scrivere *schreiben*	preferire *bevorzugen*
(io)	guarderò	scriverò	preferirò
(tu)	guarderai	scriverai	preferirai
(lui, lei, Lei)	guarderà	scriverà	preferirà
(noi)	guarderemo	scriveremo	preferiremo
(voi)	guarderete	scriverete	preferirete
(loro)	guarderanno	scriveranno	preferiranno

- Bei den Verben der ersten Konjugation (-are) ändert sich das -a der Infinitivendung zu einem -e: guardare ➡ guarder-ò *(ich werde sehen)*. Ausnahmen sind dare ➡ dar-ò *(ich werde geben)*, fare ➡ far-ò *(ich werde machen)*, stare ➡ star-ò *(ich werde bleiben)*.
- Bei den Verben mit Infinitivendung auf -care und -gare wird zur Beibehaltung des ursprünglichen Lautes ein h zwischen dem Verbstamm und der Endung eingefügt: cercare ➡ cercher-ò *(ich werde suchen)*, pagare ➡ pagher-ò *(ich werde bezahlen)*.
- Die Verben mit Endung auf -giare und -ciare verlieren das i ihres Stammes: mangiare ➡ manger-ò *(ich werde essen)*, baciare ➡ bacer-ò *(ich werde küssen)*.

▶ Unregelmäßige Verben
Bei unregelmäßigen Verben ändert sich der Verbstamm, während die Endungen des futuro semplice erhalten bleiben. Hier eine Liste einiger unregelmäßiger Verben (➡ Anhang):

andare ➡ andrò, ... *(ich werde gehen)*   potere ➡ potrò, ... *(ich werde können)*
avere ➡ avrò, ... *(ich werde haben)*   sapere ➡ saprò, ... *(ich werde wissen)*
dovere ➡ dovrò, ... *(ich werde müssen)*   venire ➡ verrò, ... *(ich werde kommen)*
essere ➡ sarò, ... *(ich werde sein)*   volere ➡ vorrò, ... *(ich werde wollen)*

Futuro semplice 54

1. Ordnen Sie die Verbformen dem passenden Feld zu. Schreiben Sie auch jeweils, um welche Person es sich handelt.

regelmäßige Verben
loro arriveranno

~~arriveranno~~   sarà   berrai
partiremo   avrò   riderete
potremo   vorrete   giocherò
leggerai   sapranno   capirai

unregelmäßige Verben

2. Wandeln Sie die Sätze in den Plural bzw. Singular um.

    (io) Farò un bel viaggio in Australia.   (noi) <u>Faremo un bel viaggio in Australia.</u>
a Ci costruiremo una casa in campagna.   _____
b Dove andrai la prossima estate?   _____
c Preferirà sicuramente pernottare in albergo.   _____
d Rimarrò solo una notte.   _____
e A che ora arriverete?   _____
f Trascorreranno due mesi al mare.   _____
g Non verrà mai più.   _____

3. Setzen Sie die Sätze in die Zukunftsform.

    Finalmente posso sostenere l'esame di guida.   <u>Finalmente potrò sostenere l'esame di guida.</u>
a Per chi votate alle elezioni?   _____
b Quando ti firmano il contratto?   _____
c Ti diamo una mano.   _____
d Quanti anni ha la professoressa di latino?   _____
e Cerco di fare il possibile per aiutarti.   _____
f Dove sono i bambini?   _____
g Quando finisci l'università?   _____

4. Ergänzen Sie die Sätze mit den Verben in der Zukunftsform.

a Non *(io / bere)* _____ mai più il liquore all'anice. Ha un sapore orribile!
b Prima o poi Cecilia *(stancarsi)* _____ di Attilio e *(fidanzarsi)* _____ con un altro.
c Mamma mia, ragazzi, quando *(cominciare)* _____ a comportarvi da adulti?
d Vuoi lasciare l'università? E che *(dire)* _____ i tuoi genitori?
e Allora, Nello, quando mi *(dare)* _____ la risposta definitiva?
f Sono eccitatissimo! Tra una settimana *(sapere)* _____ se ho vinto la borsa di studio.
g *(noi / venire)* _____ a trovarvi al più presto.
h Mario *(diventare)* _____ un ottimo medico. Ne sono sicura.

55 Le avrà prese il cane.
Der Hund wird sie genommen haben.

Futuro anteriore

Regel Will man in der Zukunft Vorzeitigkeit ausdrücken – etwa dass eine Handlung vor einer zukünftigen Handlung stattfinden wird –, gebraucht man im Italienischen das futuro anteriore. Diese Zeitform wird auch verwendet, um eine auf die Vergangenheit bezogene Vermutung anzustellen. Das futuro anteriore entspricht dem deutschen Futur II.

Verrò a trovarti appena **avrò finito** gli esami. *Ich werde dich besuchen, sobald ich die Prüfungen abgeschlossen haben werde.*
Solo dopo che **avremo rinnovato** l'appartamento, compreremo dei mobili nuovi. *Erst nachdem wir die Wohnung renoviert haben werden, werden wir neue Möbel kaufen.*
Le pantofole le **avrà prese** il cane. *Die Pantoffeln wird wohl der Hund genommen haben.*
Sarà già **partito** Vincenzo? *Wird Vincenzo schon abgereist sein?*

Formen
Das futuro anteriore wird aus den Formen des futuro semplice von *avere* und *essere* und dem Partizip Perfekt (→ Kap. 33, 34) des Hauptverbs gebildet.

	futuro semplice von avere	Partizip Perfekt		futuro semplice von essere	Partizip Perfekt
(io)	avrò		(io)	sarò	
(tu)	avrai		(tu)	sarai	partito/-a
(lui, lei, Lei)	avrà	preso	(lui, lei, Lei)	sarà	
(noi)	avremo		(noi)	saremo	
(voi)	avrete		(voi)	sarete	partiti/-e
(loro)	avranno		(loro)	saranno	

Futuro anteriore

1. Vervollständigen Sie die Sätze mit den Verben im futuro anteriore und mit den unten stehenden Angaben.

> ~~litigare con papà~~   capire l'errore   trovare un lavoro   frequentare un corso d'inglese
> comprare il computer   nevicare

Mamma è nervosa oggi! *Avrà litigato con papà.*

a Appena _____ , chatterò con gente di tutto il mondo.
b Appena Titti e Pietro _____ , si sposeranno.
c Faremo un viaggio negli Stati Uniti dopo che _____ .
d Guarda, le montagne sono tutte bianche! Stanotte _____ .
e Quando Luca _____ che ha fatto, sarà troppo tardi.

2. Bilden Sie Sätze, indem Sie die Verben ins futuro anteriore und futuro semplice (→ Kap. 54) setzen. Folgen Sie dem Beispiel.

io • comprare la macchina nuova • fare un bel viaggio
Appena avrò comprato la macchina nuova, farò un bel viaggio.

a voi • completare il lavoro • avere più tempo libero
_____

b Alessandro • chiamare • io • darti la risposta
_____

c noi • andare in pensione • passare più tempo con i nostri nipotini
Quando _____

d la riunione • finire • loro • andare a cena fuori
_____

e tu • riprendersi dall'operazione • noi • potere di nuovo fare jogging insieme
_____

3. Futuro semplice oder futuro anteriore? Vervollständigen Sie die Sätze mit den Verben in der richtigen Zeitform.

a Non trovo più gli occhiali. – Li *(dimenticare)* _____ in ufficio.
b L'anno prossimo *(noi / trasferirsi)* _____ a Milano.
c Dov'è Leo? – *(essere)* _____ in camera sua a studiare.
d Dopo che *(io / cenare)* _____ , *(io / leggere)* _____ un bel libro.
e Stamattina Carmela ha la faccia stanca. – *(dormire)* _____ poco.
f Secondo te, la moglie del direttore quanti anni *(avere)* _____ ?

56 Stiamo installando il computer nuovo.
Wir installieren gerade den neuen Computer.

Stare + Gerundium und stare per + Infinitiv

Regel

stare + Gerundium

Die Konstruktion stare + Gerundium, auch Verlaufsform genannt, beschreibt Handlungen, die in der Gegenwart gerade ablaufen, oder Vorgänge, die zu einem bestimmten Zeitpunkt in der Vergangenheit angedauert haben. Im Deutschen wird diese Konstruktion durch das Wort *gerade* in Verbindung mit dem Verb wiedergegeben.

* Reinstecken und sofort spielbereit

Zur Bildung der Verlaufsform: **Präsens oder Imperfekt von stare + Gerundium**

Stiamo installando il nuovo computer. *Wir installieren gerade den neuen Computer.*
Cosa stai facendo? *Was machst du gerade?*
Quando sono andato a trovare Rosanna, stava stirando. *Als ich Rosanna besuchte, bügelte sie gerade.*
Stavano cenando quando li ho chiamati. *Sie aßen gerade zu Abend, als ich sie anrief.*

Das Gerundium wird wie folgt gebildet:

| -are ➡ -ando |
| -ere ➡ -endo |
| -ire ➡ -endo |

Bei den Verben auf -are wird die Endung -ando an den Verbstamm angehängt: installare ➡ install**ando**.
Bei den Verben auf -ere und -ire wird die Endung -endo an den Verbstamm angehängt: scrivere ➡ scriv**endo**; aprire ➡ apr**endo**.
Unregelmäßige Formen sind: bere ➡ bevendo; dire ➡ dicendo; fare ➡ facendo.

stare per + Infinitiv

Mit der Konstruktion stare per + Infinitiv werden Handlungen beschrieben, die unmittelbar bevorstehen oder die zu einem bestimmten Zeitpunkt in der Vergangenheit unmittelbar bevorstanden. Im Deutschen kann diese Konstruktion mit dem Ausdruck *im Begriff sein, etw. zu tun* wiedergegeben werden.

Zur Bildung dieser speziellen Form: **Präsens oder Imperfekt von stare per + Infinitiv**

Sto per uscire. *Ich bin dabei auszugehen.*
Dov'è papà? – Sta per tornare a casa. *Wo ist Vati? – Er kommt gleich nach Hause.*
Stavo per uscire e invece poi ha cominciato a piovere. *Ich war dabei auszugehen, aber es hat dann angefangen zu regnen.*
Stavamo per andare a letto, quando è squillato il telefono. *Wir waren dabei ins Bett zu gehen, als das Telefon läutete.*

Stare + Gerundium und stare per + Infinitiv 56

1. Was tut Rocco gerade? Was tut er gerade nicht? Bilden Sie passende Sätze zum Bild.

   (lavorare) _Rocco non sta lavorando_.
a (rilassarsi) _____
b (leggere il giornale) _____
c (ascoltare la musica) _____
d (bere un caffè) _____
e (telefonare) _____
f (aprire un pacco) _____
g (scrivere un'e-mail) _____

2. Bilden Sie Sätze mit dem Präsens von stare per + Infinitiv. Folgen Sie dem Beispiel.

   io • partire per Londra   _Sto per partire per Londra._
a Alberto • cominciare un nuovo lavoro _____ .
b voi • uscire   _____ ?
c i miei genitori • tornare   _____ .
d noi • concludere un affare importante _____ .
e io • aprire un negozio in centro _____ .

3. Wandeln Sie die Sätze mit der Verlaufsform stare + Gerundium oder der Konstruktion stare per + Infinitiv um. Folgen Sie den Beispielen.

   In questo momento Ada mangia.   _Ada sta mangiando._
   Fra poco Ada esce.   _Ada sta per uscire._
a In questo momento i bambini dormono. _____
b Fra poco comincia il Gran Premio. _____
c Fra poco vado dal parrucchiere. _____
d In questo momento Miriam fa la doccia. _____
e Fra pochi mesi Ida e Cesare divorziano. _____
f In questo momento andiamo a dormire. _____

4. Übersetzen Sie die deutschen Satzteile mit dem Imperfekt von stare + Gerundium oder mit dem Imperfekt von stare per + Infinitiv.

a Quando è venuta a trovarci mia madre, _____ (Fabio und ich stritten gerade).
b (Ich war dabei, zu zahlen) _____ , quando mi sono accorto che avevo dimenticato il portafoglio a casa.
c Ieri vi abbiamo visto in piazza con due ragazze! _____ (Was tatet ihr gerade)?
d (Sie waren dabei, loszufahren) _____ , ma poi il treno è rimasto due ore fermo al Brennero.

57 Ora è necessario che Lei alleni le gambe.

Jetzt müssen Sie Ihre Beine trainieren.

Die nächsten fünf Kapitel behandeln den Konjunktiv – il congiuntivo –, dessen Gebrauch im Italienischen stark vom Deutschen abweicht.
Es gibt vier Zeitformen des congiuntivo: presente, passato, imperfetto und trapassato.
Der Gebrauch des italienischen Konjunktivs hängt von bestimmten Auslösern ab (→ Kap. 58): z. B. è necessario.
Ora è necessario che Lei alleni le gambe. Jetzt müssen Sie Ihre Beine trainieren.
  (wörtlich: *Jetzt ist es notwendig, dass Sie die Beine trainieren.*)

Congiuntivo presente: Formen

Regel Regelmäßige Verben

	allenare *trainieren*	scrivere *schreiben*	partire *abfahren*	capire *verstehen*
(io)	alleni	scriva	parta	capisca
(tu)	alleni	scriva	parta	capisca
(lui, lei, Lei)	alleni	scriva	parta	capisca
(noi)	alleniamo	scriviamo	partiamo	capiamo
(voi)	alleniate	scriviate	partiate	capiate
(loro)	allenino	scrivano	partano	capiscano

Alle drei Endungsformen im Singular sind gleich. Deshalb setzt man oft das Subjektpronomen (io, tu etc.) zur Unterscheidung ein. Die Verben auf -ere und -ire haben dieselben Endungen. Die Verben auf -ire wie capire behalten auch im congiuntivo die Erweiterung -isc-.

Bei den Verben auf -care und -gare wird – zur Beibehaltung des ursprünglichen Lautes – ein **h** vor der Konjunktivendung hinzugefügt: giocare ➡ giochi.

Unregelmäßige Verben

Die unregelmäßigen Verben richten sich bei der Bildung des congiuntivo nach der Gegenwartsform (Präsens) des Indikativs. Der Verbstamm ändert sich, während die Endungen des congiuntivo erhalten bleiben (→ Anhang). Die Endungen sind: -a, -a, -a, -iamo, -iate, -ano (wie bei den Verben auf -ere und -ire): fare ➡ faccio (Präsens Indikativ) ➡ faccia (congiuntivo). Hier eine Liste einiger unregelmäßiger Verben.

	io, tu, lui / lei / Lei	noi	voi	loro	
andare ➡	vada	andiamo	andiate	vadano	*gehen*
avere ➡	abbia	abbiamo	abbiate	abbiano	*haben*
essere ➡	sia	siamo	siate	siano	*sein*
fare ➡	faccia	facciamo	facciate	facciano	*machen*
venire ➡	venga	veniamo	veniate	vengano	*kommen*

Congiuntivo presente: Formen 57

1. Entscheiden Sie, ob die unten stehenden Verbformen im congiuntivo presente regelmäßig oder unregelmäßig sind. Tragen Sie sie in das passende Feld ein.

2. Vervollständigen Sie folgende Tabelle mit den fehlenden Verbformen.

	regalare	vendere	sentire
(io)	_____	_____	_____
(tu)	regali	_____	_____
(lui, lei, Lei)	_____	_____	_____
(noi)	_____	_____	sentiamo
(voi)	_____	_____	_____
(loro)	_____	vendano	_____

3. Schreiben Sie die entsprechende Infinitivform folgender Verben und entscheiden Sie, ob es sich um Indikativ Präsens (I) oder Konjunktiv (K) handelt. Achtung! Einige Verben können beides sein.

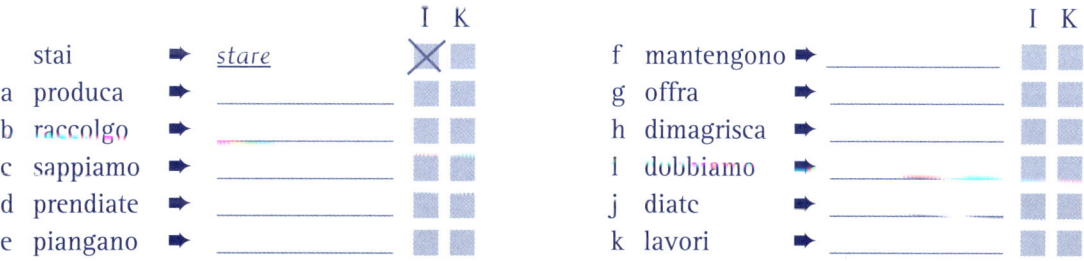

4. Vervollständigen Sie die Sätze mit den Verben im congiuntivo presente.
a È necessario che *(io / imparare)* _____ a guidare.
b Credo che Alessandro *(avere)* _____ un gatto siamese.
c Abbiamo paura che nostro figlio non *(superare)* _____ l'esame.
d I miei genitori vogliono che *(io / andare)* _____ a fare un master negli Stati Uniti.
e Penso che Paola e Giancarlo *(soffrire)* _____ molto per la perdita del nonno.
f Speriamo che la dottoressa Botteri *(venire)* _____ alla riunione domani.

58 Credo che Luigino attraversi una fase espressiva.
Ich glaube, Luigino durchläuft eine expressive Phase.

Congiuntivo presente: Gebrauch

Regel

Der congiuntivo presente wird verwendet um Vermutungen, Meinungen, Wahrscheinlichkeit und Wünsche auszudrücken, die sich auf Handlungen der Gegenwart oder der Zukunft beziehen. Dabei steht das Verb des Hauptsatzes im Präsens und das Verb des Nebensatzes im congiuntivo presente.

Hauptsatz		Nebensatz	
Credo	Präsens	che Luigino attraversi una fase espressiva	gegenwärtige Handlung

Ich glaube, Luigino durchläuft eine expressive Phase.

| Spero | Präsens | che domani la lettera arrivi | zukünftige Handlung |

Ich hoffe, dass der Brief morgen ankommt.

! Wenn Hauptsatz und Nebensatz das gleiche Subjekt haben, wird der congiuntivo presente durch eine Infinitivkonstruktion ersetzt.
Maria spera che (~~Maria~~) superi l'esame. ➡ *Maria spera di superare l'esame.*
Maria hofft, dass sie die Prüfung besteht.

Gebrauch des congiuntivo

Die Formen des congiuntivo werden vor allem in Nebensätzen verwendet, die durch das Bindewort **che** *(dass)* eingeleitet werden. Konjunktivauslöser sind bestimmte Verben und Wendungen, die im Hauptsatz erscheinen.
Folgende Verben und Wendungen lösen den congiuntivo aus:

- Verben der subjektiven Meinungsäußerung, z. B. credere *(glauben)*, pensare *(denken)*, supporre *(vermuten)*;
  Credo che Luisa mi ami. Ich glaube, Luisa liebt mich.
- Verben, die Wunschvorstellungen und Hoffnung ausdrücken, z. B. desiderare *(wünschen)*, preferire *(vorziehen)*, sperare *(hoffen)*;
  Preferiamo che tu sappia la verità. Wir ziehen es vor, dass du die Wahrheit kennst.
- Verben, die Unsicherheit ausdrücken, z. B. sembrare *(scheinen)*, non essere sicuro *(nicht sicher sein)*;
  Mi sembra che non piova più. Es scheint mir, dass es nicht mehr regnet.
- bestimmte Ausdrücke mit dem Verb essere *(sein)*, die Erwartung, Wichtigkeit, Pflicht ausdrücken, z. B. è necessario *(es ist notwendig)*, è importante *(es ist wichtig)*.
  È necessario che Lei alleni le gambe. Es ist notwendig, dass Sie Ihre Beine trainieren.

Congiuntivo presente: Gebrauch

1. Vervollständigen Sie die Sätze mit den angegebenen Verbformen.

| si trasferiscano | sappiate | si arrabbi | voglia | ritorniamo | faccia |

a Ci sembra che qui nessuno _____ aiutarci.
b Ho paura che mio padre _____ , se prendo la sua macchina.
c È probabile che Teresa e Corrado _____ ad Aosta.
d Suppongo che *(voi)* _____ la verità.
e Preferisci che _____ dopo?
f Mia sorella desidera che le _____ da testimone di nozze.

2. Setzen Sie die Verben in den congiuntivo presente.

a Speriamo che Rosa *(arrivare)* _____ in orario.
b Non voglio che *(tu / frequentare)* _____ questi ragazzi!
c La mia amica pensa che *(io / dovere)* _____ vestirmi più alla moda.
d È necessario che *(noi / vendere)* _____ l'appartamento.
e Non siamo sicuri che Francesco ci *(potere)* _____ accompagnare.
f Vogliamo che *(voi / imparare)* _____ un po' d'inglese.
g Non trovi che il sugo *(essere)* _____ troppo piccante?
h Penso che Laura e Silvia *(evitare)* _____ di incontrarmi.

3. Wandeln Sie die Sätze um. Folgen Sie den Beispielen.

Secondo noi Emilio ha 50 anni.   *Crediamo che Emilio abbia 50 anni.*
Secondo me supero l'esame.   *Credo di superare l'esame.*
a Secondo me mia moglie non si rilassa mai.   _____
b Secondo noi quelle due dicono solo bugie.   _____
c Secondo loro *(loro)* sono i migliori!   _____
d Secondo voi la Juve vince lo scudetto?   _____
e Secondo me voi mangiate troppi dolci!   _____
f Secondo me *(io)* non ottengo il prestito. _____

4. Bilden Sie Sätze im congiuntivo presente.

   (io) / sperare / il Milan / vincere la partita   *Spero che il Milan vinca la partita.*
a essere / utile / i miei genitori / aiutarci   _____
b (io) / sperare / il regalo / piacerti   _____
c mio padre / non volere/ (io) /
   diventare un boxer   _____
d (noi) / preferire / (voi) / venire domani   _____

59 Penso che ti abbiano dato i biglietti sbagliati.
Ich denke, dass man dir die falschen Karten gegeben hat.

Regel

Congiuntivo passato
Der congiuntivo passato wird aus den Formen des congiuntivo presente von essere und avere und dem Partizip Perfekt des Hauptverbs gebildet, z. B. abbiano parlato *(sie haben gesprochen)*, siano partiti *(sie seien gefahren)*.

	congiuntivo presente von avere	Partizip Perfekt		congiuntivo presente von essere	Partizip Perfekt
(io)	abbia		(io)	sia	
(tu)	abbia		(tu)	sia	partito/-a
(lui, lei, Lei)	abbia	parlato	(lui, lei, Lei)	sia	
(noi)	abbiamo		(noi)	siamo	
(voi)	abbiate		(voi)	siate	partiti/-e
(loro)	abbiano		(loro)	siano	

Der congiuntivo passato wird nach den allgemeinen Prinzipien des congiuntivo (→ Kap. 58) gebraucht (Ausdruck von Vermutungen, Meinungen, Wünschen usw.). Der Hauptsatz steht in der Gegenwart und bezieht sich jedoch in diesem Fall auf vorzeitige, schon abgeschlossene Handlungen.

Hauptsatz — Nebensatz
Penso *Präsens* che ti abbiano dato i biglietti sbagliati *vorzeitige Handlung*.
Ich denke, dass man dir die falschen Karten gegeben hat.
Speriamo *Präsens* che il film non sia ancora cominciato *vorzeitige Handlung*.
Hoffentlich hat der Film noch nicht angefangen.

! Haben Hauptsatz und Nebensatz das gleiche Subjekt, wird der congiuntivo passato durch eine Infinitivkonstruktion ersetzt.
(Io) Credo che (io) abbia preparato tutto. ➡ Credo di avere preparato tutto.
Ich glaube, dass ich alles vorbereitet habe.
(Noi) Temiamo che (noi) siamo arrivati troppo tardi. ➡ Temiamo di essere arrivati troppo tardi.
Wir fürchten, dass wir zu spät angekommen sind.

Congiuntivo passato 59

1. Setzen Sie die Verben in den congiuntivo passato.
a Sembra che Gianfranco *(chiudere)* _____ il suo negozio d'abbigliamento.
b Non penso che i tuoi cugini *(arrivare)* _____ già _____.
c È bello che *(voi / festeggiare)* _____ il Natale insieme a tutti i parenti.
d Speriamo che Oscar *(riposarsi)* _____ un po'.
e Credo che il cane *(abbaiare)* _____ tutta la notte.
f Suppongo che *(tu / mangiare)* non _____ niente.

2. Wandeln Sie die Sätze um. Folgen Sie den Beispielen.
   Secondo me Rita si è sbagliata.   *Credo che Rita si sia sbagliata.*
   Secondo Luisa *(Luisa)* non ha capito niente.   *Luisa crede di non avere capito niente.*
a Secondo loro *(loro)* hanno perso tempo.   _____
b Secondo te Mario e Bianca sono partiti?   _____
c Secondo loro tu hai esagerato ieri sera.   _____
d Secondo me *(io)* sono ingrassato.   _____
e Secondo noi a Tina non è piaciuta la festa. _____
f Secondo me ieri tutti hanno visto la finale. _____

3. Bilden Sie Sätze im congiuntivo passato.
   essere probabile / ieri / nevicare sulle Dolomiti
   È probabile che ieri abbia nevicato sulle Dolomiti.
a (noi) / essere convinti / Lello / inventare una scusa
   _____

b (io) / sperare / le tue vacanze / andare bene
   _____

c (io) / augurarsi / (tu) / riappacificarsi con Clelia
   _____

d (loro) / pensare / (io) / riuscire a trovare una soluzione
   _____

e essere possibile / nessuno / vederci
   _____

4. Congiuntivo presente (→ Kap. 58) oder congiuntivo passato? Ergänzen Sie die Sätze mit der richtigen Zeitform.
a Pare che l'anno scorso Giuseppe *(ereditare)* _____ due palazzi.
b Non sono sicura che mia madre mi *(permettere)* _____ di venire in vacanza con voi.
c Grazie! È il regalo più bello che *(io / avere)* _____ mai _____ .
d Rossella ha l'aspetto triste. Credo che *(lei / perdere)* _____ il lavoro.
e Speriamo che domani il tempo *(essere)* _____ bello.

60 Pensavo che ti piacesse il pesce ...
Ich dachte, du magst Fisch ...

Regel

Congiuntivo imperfetto

Die Formen des congiuntivo imperfetto werden aus dem Infinitiv des Verbs abgeleitet. Dabei wird die Infinitivendung um die letzte Silbe verkürzt und die Endungen des congiuntivo imperfetto (-ssi, -ssi, -sse, -ssimo, -ste, -ssero) werden angehängt: scrivere ➡ scrive-ssi.

Pensavo che ti piacesse il pesce ...

	raccontare *erzählen*	scrivere *schreiben*	partire *abfahren*
(io)	raccontassi	scrivessi	partissi
(tu)	raccontassi	scrivessi	partissi
(lui, lei, Lei)	raccontasse	scrivesse	partisse
(noi)	raccontassimo	scrivessimo	partissimo
(voi)	raccontaste	scriveste	partiste
(loro)	raccontassero	scrivessero	partissero

Im congiuntivo imperfetto gibt es wenige unregelmäßige Verben. Die Unregelmäßigkeiten betreffen den Verbstamm, die Endungen des congiuntivo imperfetto bleiben hingegen erhalten (→ Anhang): bere *(trinken)* ➡ bevessi, ...; dare *(geben)* ➡ dessi, ...; dire *(sagen)* ➡ dicessi, ...; essere *(sein)* ➡ fossi, ...; fare *(machen, tun)* ➡ facessi, ...; stare *(bleiben)* ➡ stessi, ...

Der congiuntivo imperfetto wird nach den allgemeinen Prinzipien des congiuntivo (→ Kap. 58) gebraucht (Ausdruck von Vermutungen, Meinungen, Wünschen usw.), wenn das Verb des Hauptsatzes in der Vergangenheit steht, und wenn die Handlungen von Haupt- und Nebensatz gleichzeitig stattfinden bzw. die Handlung im Nebensatz nachzeitig ist.

Hauptsatz		Nebensatz	
Pensavo	Vergangenheit	che ti piacesse il pesce	gleichzeitige Handlung

Ich dachte, du magst Fisch.

Speravo	Vergangenheit	che lui venisse più tardi	nachzeitige Handlung

Ich hoffte, dass er später kommen würde.

! Wenn Hauptsatz und Nebensatz das gleiche Subjekt haben, wird der congiuntivo imperfetto durch eine Infinitivkonstruktion ersetzt.
(Io) Speravo che ~~io~~ ricevessi un aumento. ➡ Speravo di ricevere un aumento.
Ich hoffte, eine Gehaltserhöhung zu bekommen.

Congiuntivo imperfetto 60

1. Vervollständigen Sie die Sätze mit den angegebenen Verbformen.

| veniste | giocassero | riuscisse | bevessi | pagasse | funzionasse |

a Sembrava che la polizia non _____ a trovare il colpevole.
b Mi pareva che il fax non _____ .
c Mi aspettavo che almeno voi _____ alla mia festa!
d Non sapevamo che quella ditta _____ i suoi dipendenti così bene!
e Non immaginavo che Guido e Teresa _____ con i loro bambini ogni sera.
f Danilo, non sapevo che _____ tanto!

2. Wandeln Sie die Sätze um. Folgen Sie dem Beispiel.

Credo che Laura non sia a casa.   _Credevo che Laura non fosse a casa._
a Abbiamo paura che Enrico sia nei guai!
b È importante che ne parliamo.
c Suppongo che tu lo sappia.
d Si augura che la situazione migliori.
e Penso che Fabio ti ami.
f Crediamo che vi capiscano.

3. Bilden Sie Sätze im congiuntivo imperfetto oder wenn nötig mit einer Infinitivkonstruktion.

(io) / volere / (voi) / rimanere più a lungo   _Volevo che rimaneste più a lungo._
a (noi) / sperare / (loro) / decidere di restare
b (lei) / non sapere / Renato /
   avere già 30 anni
c (io) / sperare / (io) / essere incinta
d (voi) / immaginare / la nostra casa /
   costare tanto   ?
e (lui) / temere / (lui) / fare uno sbaglio

4. Setzen Sie die Verben in den congiuntivo imperfetto.

a Immaginavo che lo *(tu / sapere)* _____ .
b Milena era disperata e sperava che qualcuno *(ascoltare)* l'_____ .
c Non eravamo sicuri che *(loro / potere)* _____ vederci.
d Era difficile che quel regalo gli *(piacere)* _____ .
e Speravo che mia madre mi *(insegnare)* _____ a cucire.
f Avevano paura che i genitori lo *(scoprire)* _____ .
g Ci sembrava che Alberto non *(trovarsi)* _____ bene a Milano.
h Volevamo che *(voi / venire)* _____ con noi.

61 Pensavo che se ne fosse dimenticato.
Ich dachte, er hätte es vergessen.

Congiuntivo trapassato

Regel
Der congiuntivo trapassato wird aus den Formen des congiuntivo imperfetto von essere und avere und dem Partizip Perfekt des Hauptverbs gebildet: z. B. avessero parlato *(sie hätten gesprochen)*, fossero partiti *(sie wären gefahren)*.

congiuntivo imperfetto von avere		Partizip Perfekt	congiuntivo imperfetto von essere		Partizip Perfekt
(io)	avessi		(io)	fossi	
(tu)	avessi		(tu)	fossi	partito/-a
(lui, lei, Lei)	avesse		(lui, lei, Lei)	fosse	
(noi)	avessimo	parlato	(noi)	fossimo	
(voi)	aveste		(voi)	foste	partiti/-e
(loro)	avessero		(loro)	fossero	

Der congiuntivo trapassato wird nach den allgemeinen Prinzipien des congiuntivo (→ Kap. 58) gebraucht (Ausdruck von Vermutungen, Meinungen, Wünschen usw.), wenn das Verb des Hauptsatzes in der Vergangenheit steht, und wenn die Handlung im Nebensatz vor der Handlung im Hauptsatz stattgefunden hat und abgeschlossen ist.

Hauptsatz		Nebensatz	
Pensavo	Vergangenheit	che se ne fosse dimenticato	vorzeitige Handlung

Ich dachte, er hätte es vergessen.

Non credevo che Ernesto e Sandra avessero divorziato.
Ich wusste nicht (wörtlich: glaubte nicht), dass sich Ernesto und Sandra hatten scheiden lassen.

! Wenn Hauptsatz und Nebensatz das gleiche Subjekt haben, wird der congiuntivo trapassato durch eine Infinitivkonstruktion ersetzt.
Lui immaginava che (lui) avesse capito tutto. ➡ Lui immaginava di avere capito tutto.
Er vermutete, dass er alles verstanden hätte.
(Io) Speravo che (io) fossi dimagrito. ➡ Speravo di essere dimagrito.
Ich hoffte, dass ich abgenommen hätte.

Congiuntivo trapassato 61

1. Setzen Sie die Verben in den congiuntivo trapassato.
a La mia insegnante pensava che non *(io / studiare)* _____ .
b Non sapevo che *(voi / essere)* _____ nei Caraibi!
c Credevamo che lo *(loro / sapere)* _____ .
d Gli pareva strano che Letizia non *(chiamare)* _____ più _____ .
e Era felice che le *(loro / dare)* _____ una promozione.
f Pensavano che *(noi / uscire)* _____ già _____ .

2. Wandeln Sie die Sätze um. Folgen Sie dem Beispiel.
   Crede che io abbia mentito. *Credeva che io avessi mentito.*
a Credo che Nino non abbia dormito a casa. _____
b È possibile che abbia nevicato a lungo. _____
c Spero che le mie piante siano cresciute. _____
d Crede che *(io)* abbia letto quel libro. _____
e Pensano che abbiamo finito. _____
f È probabile che i prezzi siano aumentati. _____

3. Bilden Sie Sätze im congiuntivo trapassato oder wenn nötig mit einer Infinitivkonstruktion.
   (io) / non sapere / (tu) / avere un incidente
   Non sapevo che avessi avuto un incidente.
a (io) / temere / (io) / deludere i miei genitori
   _____
b (noi) / sperare / Liliana / preparare un piatto orientale
   _____
c nessuno / immaginare / quel tipo / uccidere tante persone
   _____
d (io) / sperare / (tu) / non soffrire tanto
   _____
e Aldo / non sapere / (Aldo) / prendere una multa
   _____

4. Congiuntivo imperfetto (→ Kap. 60) oder congiuntivo trapassato? Ergänzen Sie die Sätze mit der richtigen Zeitform.
a Mio padre desiderava che *(io / fare)* _____ la carriera militare.
b Non sapevo che tua nonna *(morire)* _____ . Mi dispiace.
c Pensavamo che, ieri sera, i vicini ci *(sentire)* _____ suonare e cantare.
d Volevo solo che mi *(voi / aiutare)* _____ a riparare una sedia.
e Non immaginavo che anche al sud *(potere)* _____ piovere tanto!
f Era un peccato che, ieri, Andrea e Barbara *(dovere)* _____ rimanere a casa.

62 Se fossi ricco, studierei enologia.
Wenn ich reich wäre, würde ich Weinkunde studieren.

Bedingungssätze

Regel Bedingungssätze verwendet man, um darzustellen, was unter bestimmten Umständen geschehen wird, geschehen könnte oder hätte geschehen können.
Ein Bedingungssatz besteht aus zwei Teilen, der Bedingung und ihrer Folge. Im Italienischen wird die Bedingung mit dem Wort se eingeleitet. Der se-Satz kann sowohl vorangestellt als auch nachgestellt werden.

| Bedingung | Folge | | Folge | Bedingung |

Se fa bel tempo, vado al mare. / Vado al mare, se fa bel tempo.
Wenn das Wetter schön ist, fahre ich ans Meer. / Ich fahre ans Meer, wenn das Wetter schön ist.

Es gibt drei Typen von Bedingungssätzen, die nach folgenden Mustern gebildet werden:

Typ I `se + Präsens (Indikativ) + Präsens (Indikativ) / se + futuro semplice + futuro semplice`
Bedingung und Folge sind erfüllbar.
Se non vengo, ti chiamo. *Wenn ich nicht komme, rufe ich dich an.*
Se verrai, ti divertirai. *Wenn du kommst, wirst du dich amüsieren.*

Typ II `se + congiuntivo imperfetto + condizionale presente`
Bedingung und Folge sind möglich, jedoch nicht sehr wahrscheinlich.
Se fossi ricco, studierei enologia. *Wenn ich reich wäre, würde ich Weinkunde studieren.*

Typ III `se + congiuntivo trapassato + condizionale passato / se + imperfetto + imperfetto`
Bedingung und Folge sind denkbar, aber nicht mehr erfüllbar.
Se avessi avuto tempo, sarei venuto. *Wenn ich Zeit gehabt hätte, wäre ich gekommen.*
Se lo sapevo, te lo dicevo. (Diese Konstruktion wird nur in der gesprochenen Sprache verwendet.) *Wenn ich das gewusst hätte, hätte ich es dir gesagt.*

Bedingungssätze

1. Vervollständigen Sie die Sätze mit den angegebenen Verbformen.

| decidiamo | regaleremo | dicevi | saremmo venuti | tagliassi | potremmo |

a Se ti _____ i capelli, sembreresti più giovane.
b Se _____ di andare al cinema, te lo facciamo sapere.
c Se ci aveste avvertito, _____ a prendervi alla stazione.
d Se farai il bravo, a Natale ti _____ il cellulare.
e Se me lo _____ , ti aiutavo.
f Se non fosse già tardi, _____ fare una partita a carte.

2. Wandeln Sie die Sätze um. Folgen Sie dem Beispiel.

Se non piove, vado in piscina. → *Se non piovesse, andrei in piscina.*

a Se abbiamo tempo, ci iscriviamo a un corso di cucina.
   _____

b Se Cinzia si sposa con Mario, suo fratello deve cambiare casa.
   _____

c Se ho un aumento, compro un'auto nuova.
   _____

d Se trovano i biglietti, vanno a vedere la partita.
   _____

3. Wandeln Sie die Sätze um. Folgen Sie dem Beispiel.

Se partissi prima, arriverei in tempo. → *Se fossi partito prima, sarei arrivato in tempo.*

a Se *(io)* vincessi il primo premio della lotteria, smetterei di lavorare.
   _____

b Se *(tu)* mangiassi di meno, ti sentiresti meglio.
   _____

c Se Liana trovasse un monolocale, accetterebbe quel lavoro.
   _____

d Se invitaste anche Maurizio, sarebbe meglio!
   _____

4. Ergänzen Sie die Sätze mit der richtigen Zeitform.

a Se i bambini leggessero di più, *(avere)* _____ più fantasia.
b Se domani fa caldo, *(noi / andare)* _____ al mare?
c Se le *(tu / dire)* _____ la verità subito, non si sarebbe arrabbiata tanto.
d Se *(tu / smettere)* _____ di fumare, ti passerebbe la tosse!
e Se mi avvisavate, la *(fare)* _____ io la spesa.
f Se sarò promosso, *(io / potere)* _____ andare in vacanza con i miei amici!

63 Lo stavo riempiendo quando è squillato il telefono.
Ich füllte sie gerade auf, als das Telefon klingelte.

Konjunktionen

Regel Konjunktionen (Bindewörter) dienen dazu, zwei oder mehrere Sätze oder Satzteile miteinander zu verbinden.
In diesem Kapitel sind die wichtigsten italienischen Konjunktionen aufgelistet.

Nach folgenden Konjunktionen wird der Indikativ (presente, passato prossimo, imperfetto, trapassato prossimo oder futuro) verwendet.

e / ed (vor dem Vokal e) *und*	Ho un cane e un gatto. *Ich habe einen Hund und eine Katze.*
o / oppure *oder*	Mangiamo carne o pesce? *Essen wir Fleisch oder Fisch?*
anche / pure *auch*	Veniamo anche noi! *Wir kommen auch mit!*
ma / però *aber*	Vengo a trovarti, ma rimango poco. *Ich besuche dich, bleibe aber nicht lange.*
quindi / perciò *also / deshalb*	C'era molto traffico perciò siamo arrivati tardi. *Es war viel Verkehr, deshalb sind wir zu spät angekommen.*
sia … sia / che *sowohl … als auch*	Mi piace sia la carne che il pesce. *Ich mag sowohl Fleisch als auch Fisch.*
mentre *während*	Mentre il professore parlava, mi sono addormentato. *Während der Lehrer sprach, bin ich eingeschlafen.*
quando *wenn / als*	Lo stavo riempiendo quando è squillato il telefono. *Ich füllte sie gerade auf, als das Telefon klingelte.*
appena *sobald*	Appena arrivi, chiamami. *Ruf mich an, sobald du ankommst.*
siccome / dato che *da*	Dato che è ancora presto, possiamo vederci un film. *Da es noch früh ist, können wir uns einen Film anschauen.*
perché *weil*	Oggi non lavoro perché sono malato. *Heute arbeite ich nicht, weil ich krank bin.*

Nach folgenden Konjunktionen muss man hingegen den congiuntivo (→ Kap. 57-61) verwenden.

sebbene / nonostante *obwohl*	Sebbene fosse in ritardo, lo hanno fatto entrare. *Obwohl er sich verspätet hatte, haben sie ihn hereingelassen.*
affinché *damit*	Lo dico affinché tu lo sappia. *Ich sage es, damit du es weißt.*
prima che *bevor*	Torniamo a casa prima che inizi a piovere. *Lass uns heimgehen, bevor es anfängt zu regnen.*

Konjunktionen 63

1. Kreuzen Sie die richtige Konjunktion an.

a Vogliamo uscire … preferisci rimanere a casa?
   ▪ ma
   ▪ oppure
b Le mie sorelle si chiamano Beatrice … Rossana.
   ▪ anche
   ▪ e
c … finisci l'esame, avvisami.
   ▪ Appena
   ▪ Perché
d Adoro sia la pittura … la scultura.
   ▪ che
   ▪ e
e … studio, ascolto la musica.
   ▪ Siccome
   ▪ Mentre
f Michele è intelligente e … carino.
   ▪ pure
   ▪ quindi

2. Bringen Sie die Satzteile in die richtige Reihenfolge.

a stavamo   la TV,   è andata via   quando   guardando   la luce
   Stavamo _____ .
b e un po'   ieri sera   una minestra   ho mangiato   di formaggio
   Ieri sera _____ .
c sia   mi sento   in vacanza,   stressato   nonostante
   Nonostante _____ !
d tutto in ordine   arrivino   prima che   mettiamo   gli ospiti
   Mettiamo _____ .
e e anche   hai   la moto   la macchina
   _____ la moto _____ _____ ?
f ho comprato   perciò   un panino   avevo fame   con la mortadella
   Avevo fame _____ .

3. Setzen Sie die passende Konjunktion ein.

| mentre   siccome   appena   sebbene   affinché   però   perché   sia |

a Ve lo ripeto _____ lo ricordiate.
b Beh, _____ insisti tanto, accetto l'invito!
c Gemma e Salvo si sono lasciati _____ lei si è innamorata di un altro.
d _____ arriva l'estate, voglio andare in vacanza.
e Sara è una bella ragazza, _____ è proprio noiosa!
f _____ Teresa cuciva, Giulio leggeva il giornale.
g Paolo ha sempre l'aspetto infelice, _____ abbia un buon lavoro.
h Mi piacciono _____ _____ le gonne sia i pantaloni.

64 Noi non siamo stati invitati.
Wir sind nicht eingeladen worden.

*Wir sind die vom Stockwerk tiefer!

Das Passiv

Wie im Deutschen unterscheidet man auch im Italienischen zwischen Aktivsätzen und Passivsätzen.

In einem Aktivsatz wird ausgedrückt, wer etwas tut, z. B. L'architetto Valle ha progettato la scuola *(Der Architekt Valle hat das Schulgebäude entworfen)*.

In einem Passivsatz wird ausgedrückt, was mit jemandem oder etwas geschieht, z. B. Questa scuola è stata progettata l'anno scorso *(Dieses Schulgebäude wurde letztes Jahr entworfen)*.

Regel ➡ Im Italienischen wird die Passivform nach folgenden Mustern gebildet:

essere + Partizip Perfekt   oder   venire + Partizip Perfekt

Das Partizip Perfekt richtet sich in Geschlecht und Zahl nach dem Subjekt.
Noi non siamo stati invitati. *Wir sind nicht eingeladen worden.*
La casa viene venduta. *Das Haus wird verkauft.*

Die handelnde Person, der Urheber, wird in Passivsätzen durch die Präp. da *(von)* bezeichnet.
La festa è stata organizzata da Luca. *Die Party wurde von Luca organisiert.*

! Die Passivform mit venire wird nur in den einfachen, nicht zusammengesetzten Zeitformen verwendet (Präsens, imperfetto, futuro semplice …), die Passivform mit essere hingegen in allen Zeitformen (Präsens, passato prossimo …).

venire ➡ La chiesa viene rinnovata. (Präsens) *Die Kirche wird renoviert.*
Il palazzo verrà abbattuto. (futuro semplice) *Das Gebäude wird abgerissen werden.*
essere ➡ Pietro è apprezzato da tutti. (Präsens) *Pietro wird von allen geschätzt.*
Loro sono stati derubati. (passato prossimo) *Sie sind bestohlen worden.*

Das Passiv 64

1. Kreuzen Sie die richtige Form an.

a La bolletta … ieri.
  ☐ è stata pagata
  ☐ sarà pagata
b Le poltrone … domani.
  ☐ venivano consegnate
  ☐ verranno consegnate
c La lavastoviglie … al più presto.
  ☐ sarebbe riparata
  ☐ deve essere riparata
d Credo che il colpevole … .
  ☐ sia stato trovato
  ☐ viene trovato
e In centro … due edifici.
  ☐ vengano ristrutturati
  ☐ sono stati ristrutturati
f Chi … sabato alla festa?
  ☐ veniva invitato
  ☐ verrà invitato

2. Wandeln Sie die Sätze um, indem Sie die Passivform mit essere oder venire verwenden.

(Marta) ha cotto l'arrosto al forno. → *L'arrosto è stato cotto al forno.*

a Spediremo gli inviti con molto anticipo.
_____
b Hanno giocato la partita allo stadio San Siro di Milano.
_____
c Penso che *(Melania)* abbia lasciato Gigi.
_____
d Producono la mozzarella in Campania.
_____
e Venti anni fa *(nessuno)* usava Internet.
  Venti anni fa Internet non _____
f *(L'operaio)* ha completato tutte le riparazioni.
_____
g *(La segretaria)* sposterà gli appuntamenti dell'avvocato.
_____

3. Vervollständigen Sie die Sätze mit essere oder venire in der richtigen Zeitform.

a *(noi)* _____ invitati alla festa solo ieri!
b La pinacoteca _____ inaugurata la settimana prossima.
c Questo libro _____ pubblicato l'anno scorso.
d Sembra che _____ uccise almeno trenta persone.
e Roma _____ visitata ogni anno da milioni di turisti.
f Allora, _____ arrestati i rapinatori? – Sì, ieri.

Kapitel 54–64

Wählen Sie die richtige Form.

futuro semplice und futuro anteriore

1. L'anno prossimo (io) … a studiare il latino.
   a) ▪ comincerai
   b) ▪ comincerò

2. Domani (noi) … il risultato delle analisi.
   a) ▪ sapranno
   b) ▪ sapremo

3. Chi … alla tua festa di compleanno?
   a) ▪ verrà
   b) ▪ verrete

4. Quando è finito lo spettacolo? – … state le undici.
   a) ▪ Saranno
   b) ▪ Avranno

5. Laura ha un aspetto splendido! … fatto una dieta.
   a) ▪ Sarà
   b) ▪ Avrà

6. Le piante si sono seccate! – Le … troppo.
   a) ▪ innaffierai
   b) ▪ avrai innaffiate

stare + Gerundium und stare per + Infinitiv

7. Flora … un dolce.
   a) ▪ sta facendo
   b) ▪ stai facendo

8. Mi dispiace, non posso. … uscire.
   a) ▪ Sto
   b) ▪ Sto per

9. Quando sono arrivati i miei zii, … .
   a) ▪ stiamo cenando
   b) ▪ stavamo cenando

10. … andare a letto, quando ha telefonato Carla.
    a) ▪ Stavo per
    b) ▪ Sto per

congiuntivo

11. È necessario che (Lei) … subito questi documenti.
    a) ▪ spedisce
    b) ▪ spedisca

12. Credo che Lia e Vera … tutto.
    a) ▪ sappiano
    b) ▪ sappiamo

13. Ho paura … il lavoro.
    a) ▪ che io perda
    b) ▪ di perdere

14. Pensate che (lui) … la verità?
    a) ▪ dica
    b) ▪ dicano

15. Speriamo che non … ancora arrivati.
    a) ▪ abbiano
    b) ▪ siano

16. Sembra che ieri la polizia … due ricercati.
    a) ▪ arresti
    b) ▪ abbia arrestato

17. Pensi che domani Rossana ci … una mano?
    a) ▪ dia
    b) ▪ abbia dato

Kapitel 54–64

18. Speravo che (tu) mi ... almeno una lettera!
    a) ☐ scrivessi
    b) ☐ scrivesse

19. Non sapevamo che (voi) ... così sportivi.
    a) ☐ fosse
    b) ☐ foste

20. Volevo ... la partita.
    a) ☐ che (io) vincessi
    b) ☐ vincere

21. Pensavo che ... già partiti.
    a) ☐ aveste
    b) ☐ foste

22. Non sapevo che ... i ladri a casa tua. Che cosa hanno rubato?
    a) ☐ fossero venuti
    b) ☐ venissero

23. I miei genitori desideravano che ... medico.
    a) ☐ diventassi
    b) ☐ fossi diventato

Bedingungssätze

24. Se fossi ricco, ... di lavorare.
    a) ☐ smettessi
    b) ☐ smetterei

25. Se ce lo avessi detto, ti ... .
    a) ☐ avremmo aiutato
    b) ☐ aiuteremmo

26. Se non pioverà, ... a calcio.
    a) ☐ giocheremo
    b) ☐ giocheremmo

Konjunktionen

27. ... ricevo il primo stipendio, mi compro la macchina.
    a) ☐ Perciò
    b) ☐ Appena

28. ... lo avessi avvertito, è venuto lo stesso.
    a) ☐ Siccome
    b) ☐ Sebbene

Passiv

29. Perché non ... stati invitati?
    a) ☐ siete
    b) ☐ venite

30. Il congresso è sponsorizzato ... una ditta americana.
    a) ☐ da
    b) ☐ di

Vergleichen Sie nun Ihre Lösungen mit dem Schlüssel auf S. 161. Wenn Sie Aufgaben nicht richtig gelöst haben, wiederholen Sie noch einmal das betreffende Kapitel. Diese Tabelle zeigt Ihnen, auf welches Kapitel sich die einzelnen Aufgaben beziehen.

Aufgabe	Kapitel	Aufgabe	Kapitel
1	54	16	59
2	54	17	59
3	54	18	60
4	55	19	60
5	55	20	60
6	55	21	61
7	56	22	61
8	56	23	61
9	56	24	62
10	56	25	62
11	57/58	26	62
12	57/58	27	63
13	57/58	28	63
14	57/58	29	64
15	59	30	64

Lösungsschlüssel

1

1 *männlich:* libro, tramezzino, vino, spumante, mare, ragazzo
weiblich: carne, bicicletta, acqua, birra, casa, pensione
2 a piatti; b treni; c insalate; d ristoranti; e finestre; f pomodori; g bicchieri; h colazioni; i lampade; j televisioni
3 pesce / pesci; bottiglia / bottiglie; studente / studenti; limone / limoni; signora / signore; giorno / giorni; cornetto / cornetti; persona / persone
4 lingue (w); prenotazioni (w); pollo (m); canzone (w); lavori (m); ospedali (m); antipasto (m); strada (w)

2

1 *männlich: (Singular)* film, dentista, albergo, dramma; *(Plural)* problemi, film, amici
weiblich: (Singular) dentista, auto, moto, città; *(Plural)* auto, moto, città, amiche
2 a problema; b auto; c università; d cameriera *(Cameriera ist nur weiblich, während die anderen Wörter männlich und weiblich sein können.)*
3 sport / sport; città / città; amico / amici; problema / problemi; foto / foto; turista / turisti; cuoco / cuochi; critico / critici; parco / parchi; cinema / cinema
4 caffè / caffè; verità / verità; barca / barche; computer / computer; programma / programmi; tecnico / tecnici; diploma / diplomi; albergo / alberghi; psicologo / psicologi; dentista / dentisti/e

3

1 il: cappotto, mare;
lo: specchio, psicologo;
la: macchina, giacca;
l': ascensore, orologio;
i: mobili, biglietti;
gli: spettacoli, uffici;
le: telefonate, aranciate
2 le (sedie), lo (yogurt), l'(aeroporto), i (libri), gli (ospedali), il (vaso), l'(auto), gli (scandali)
3 a il; b Lo; c l'; d la; e I; f gli; g le; h i
4 b 10 l'(autobus) / gli autobus; c 6 l'(esame) / gli esami; d 8 il (piatto) / i piatti; e 4 lo (scherzo) / gli scherzi; f 9 la (zuppa) / le zuppe; g 2 l'(isola) / le isole; h 1 lo (zaino) / gli zaini; i 3 la (stazione) / le stazioni; j 5 il (record) / i record

4

1 a Dottor Laurenzi, come sta? c Adoro il calcio. d Il mio colore preferito è il verde. f Carlo è un ragazzo simpatico. h La Sardegna è un'isola splendida.
2 a –, –; b –; c le; d L'; e la; f –; g l', lo; h –; i il; j Il
3 a il giapponese; b Australia; c Il bianco; d di argento / d'argento; e la signora Rossi; f La seta; g Signor Cinque; h La Grecia; i di pelle; j le sette

5

1 un': agenda, estate;
una: crema, scuola, stagione;
uno: pseudonimo, zoo;
un: animale, pettine, gatto
2 un (favore), un (anno), un (ascensore), un'(italiana), un'(edicola), un (elicottero), un'(ora), un (orologio), un (cane), un'(idea), un'(auto), un (aereo), un (impermeabile), un (telegramma), un'(offerta)
3 a una; b uno; c un'; d uno; e una; f un; g un; h un'; i un; j un

Lösungsschlüssel

4 un uccello, una lampada, un albero, un ombrello, una chiave, un'anatra, uno specchio, una tazza

6
1 a Non avete la macchina?
b Gabi e Jürgen sono di Stoccarda.
c Abbiamo paura di guidare.
d Di dove sei? e Siamo a casa.
f Giuseppe ha fretta. g Sono alla stazione.
2 b ha, 7; c sei, 1; d hanno, 8; e ho, 6; f abbiamo, 2; g è, 3; h sono, 5
3 a sei; b Ho; c avete; d è; e sono; f hanno; g Siamo
4 a È; b sono; c ho; d siete; e Avete; f hai; g siamo; h hanno

7
1 c'è: una lampada, un tavolo, un divano, un tappeto;
ci sono: due poltrone, due quadri, tre piante, quattro cuscini, quattro sedie
2 a c'è; b ci sono; c ci sono; d c'è; e ci sono; f ci sono; g c'è
3 a c'è; b ci sono; c è; d c'è; e sono; f è
4 a è; b c'è; c ci sono; d ci sono; e sono; f c'è; g è; h sono

8
1 -are: noi giochiamo, loro comprano;
-ere: loro scrivono, noi ridiamo, voi mettete, tu chiudi;
-ire: lui / lei / Lei capisce, voi partite, tu preferisci
2 a leggo; b suona; c finisce; d lavorate; e dormono; f vedi; g parlano; h Preferisco
3 a Canto; b ascoltiamo; c parte; d chiudono; e comincia; f vivete; g Preferisce; h apro; i finiamo; j prende

4 a Preferisco; b Torniamo; c Mangiano; d Vivo; e Chiudiamo; f Parto

9
1 a Possiamo vedere il film di Benigni!
b Devo invitare Marco. c Signora, vuole venire a teatro domani? d Sapete suonare la chitarra? e Perché vuoi imparare l'italiano?
f Gigi e Franco devono fare un esame.
2 devo; Vuoi; Possiamo; so; dobbiamo; vogliamo
3 a posso; b può / deve; c devi; d vogliamo; e puoi; f Volete; g Devo; h vuole; i dovete; j voglio
4 a Posso; b Sai; c sa; d potete; e sappiamo; f possono

10
1 io: riesco, vengo, sto;
tu: esci, sali, dici;
lui / lei / Lei: viene, dà, va;
noi: scegliamo, diamo;
voi: dite, bevete;
loro: siedono, rimangono, vanno
2 a stai, 4 sto; b andiamo, 1 Veniamo; c vengono, 5 rimangono; d fate, 2 Usciamo; e beve, 6 bevo; f dai, 3 esci
3 a La mattina Caterina e Danilo escono alle 7.00. b Riesci a tornare in orario oggi? c Quando venite a trovarmi? d Scusi, siede Lei qui? e Faccio una passeggiata in centro. f Allora rimani a cena?
4 a vado; b diamo; c stanno; d dici; e escono; f bevete; g rimango

11
1 -arsi: mi pettino, ci sposiamo, si taglia, ti addormenti;
-ersi: ci conosciamo, mi siedo;
-irsi: si veste, si sentono, vi divertite

Lösungsschlüssel

2 Mi alzo; mi faccio; mi vesto; mi riposo; mi incontro; ci divertiamo; mi addormento; Ti iscrivi
3 a ti impegni; b mi sposo; c si sente; d mi metto; e ci conosciamo; f ti chiami; g vi alzate
4 a Non vuoi riposarti un po'? b Roberto non sa farsi nemmeno un caffè! c Vi potete sedere qui se volete. d È tardi! Ci dobbiamo sbrigare. e Comincio ad annoiarmi a questa festa. f I tuoi amici non sanno vestirsi.

12
1 b 4; c 1; d 2; e 5
2 a si beve; b ci si mette; c si va; d si vendono; e si raccontano; f si dorme; g si fa; h si organizzano
3 a Alle scuole elementari si impara a leggere e scrivere. b A San Silvestro si festeggia l'arrivo dell'anno nuovo. c Al casinò si scommette, si vince o si perde. d In Turchia non si mangia carne di maiale. e In Italia in estate si va in montagna o al mare. f Dal giornalaio si comprano riviste e giornali.
4 In chiesa ci si sposa in abito bianco. In macelleria si compra la carne. Al circo si esibiscono gli animali feroci. In discoteca si balla fino al mattino.

Test 1
1a, 2b, 3a, 4b, 5a, 6a, 7a, 8b, 9a, 10b, 11b, 12a, 13a, 14a, 15b, 16b, 17b, 18a, 19a, 20b, 21b, 22b, 23a, 24a, 25b, 26a, 27a, 28a, 29b, 30a

13
1 a 6; b 3; c 8; d 2; e 7; f 1; g 5; h 4
2 eleganti, sinceri, bionde, interessante, grandi, rossa, caldo, verde
3 a Il treno è lento. b I maglioni sono piccoli. c I caffè sono dolci. d La casa è costosa. e La signora è vecchia / anziana. f I ragazzi sono bassi. g Le gonne sono nuove.
4 a cari; b comoda, economica; c simpatico, carino; d centrale; e italiane; f eleganti; g rossa; h cinese

14
1 b 1; c 6; d 7; e 8; f 2; g 5; h 3
2 a un bell'animale; b tante belle storie; c un buon consiglio; d due buoni aperitivi; e due belle auto; f un bel bambino; g due buoni studenti
3 a bella; b belli; c begli; d bell'; e bei; f bello; g bell'; h bel
4 a buona; b Buon; c buono; d buon'; e buoni; f buone

15
1 -o/-a: direttamente, tranquillamente, silenziosamente;
-e: debolmente, elegantemente, dolcemente;
eigene Formen: adesso, poco, tardi, abbastanza
2 improvvisamente, rumoroso, speciale, regolarmente, brevemente, generalmente
3 sotto = *unten*, spesso = *oft*, lontano = *weit*, mai = *nie*, ancora = *noch*, poco = *wenig*, sempre = *immer*, dentro = *innen*, oggi = *heute*, là = *dort*
4 b 5; c 2; d 1; e 3; f 6

16
1 b 3; c 6; d 1; e 7; f 2; g 4
2 a inutile *(Adj.)*; b sempre / volentieri *(Adv.)*; c sempre *(Adv.)*; d molta *(Adj.)*; e belli *(Adj.)*; f molto *(Adv.)*; g lontane *(Adj.)*
3 a particolare; b perfettamente; c comodamente; d tranquilla; e raramente;

Lösungsschlüssel

f veramente; g elegante; h tipici
4 a buono; b bene; c bene; d bene;
e buoni; f buona; g bene; h buone

17
1 in: Inghilterra, autunno, Africa, aereo, Liguria, Sicilia, chiesa, banca; a: Ischia, righe, Pasqua, Venezia
2 a in, a; b in; c In, a; d in; e in, a; f a; g a; h in; i a; j a; k a; l a
3 a Nel; b Nella; c nello; d nei; e Negli; f nelle
4 a al; b alle; c al; d all'; e ai; f alla

18
1 b Il gatto siamese di Pietro scappa sempre! c Porto i fiori in sala da pranzo. d La mia amica Mercedes è di Madrid. e Vorrei un chilo di patate, per piacere. f Ti piace la mia borsa di pelle? g Luisa è malata da tre giorni. h Stasera ceniamo da mia zia.
2 a di; b da; c di; d Da; e di; f di; g da; h da; i di; j Di; k Da; l da
3 a dei; b del; c della; d delle; e dello; f degli
4 a Dal; b dalle; c dai; d dall'; e Dalla; f dallo

19
1 a sull'; b con; c Su; d con; e con; f sulle
2 a per; b per; c tra / fra; d per; e Tra / Fra; f per
3 a Vado al museo per vedere la mostra di de Chirico. b Francesco finisce gli studi fra un anno. c Pago il telefonino con la carta di credito. d Per la luna di miele vogliamo una camera con vista sul mare. e Tra l'Italia e la Spagna c'è il Mare Mediterraneo.

4 a per; b con; c Tra / Fra; d per; e sulle; f per; g tra / fra; h per

20
1 sessanta, seimila, tredici, diciotto, mille, cinque, quattro, ventuno, due, nove, zero, tremila, uno, tre
2 a cinquantotto; b centoventicinque; c ottomila; d sessantasei; e quattrocentoventitré; f novanta; g trentatré; h dodici; i settantasei; j ventimila; k millenovecentonovantadue; l tre milioni
3 a trentesimo; b decimo; c centesimo; d settimo; e secondo; f cinquantesimo; g diciottesimo; h sesto; i millesimo; j sedicesimo; k quarto; l ventitreesimo
4 a un milione di euro; b il terzo piano; c le prime parole; d due miliardi di persone; e la quinta traversa; f i primi amici

21
1 a le dieci; b sono; c alle; d Il primo; e un quarto; f Il sei
2 a meno; b e; c e; d meno; e meno; f e
3 a Sono le nove e dieci. b È mezzogiorno e mezzo/mezza. c È mezzanotte meno dieci. d Sono le undici e diciotto. e Sono le cinque e trentacinque. f È l'una meno venti.
4 a Che giorno è oggi? b Sono le cinque e trentacinque. c A che ora parte il treno? d Pranzo all'una. e Oggi è il tre luglio. f Rosa si alza alle sette.

22
1 del: pane, pesce; dello: zafferano, spumante; dell': aranciata, acqua, aceto; della: pasta; dei: fiori, giornali; degli: gnocchi, zucchini; delle: pere, albicocche
2 delle carote, dei carciofi, dello zucchero,

Lösungsschlüssel

dell'aglio, del latte, del formaggio, dell'insalata, della farina, dell'uva, delle uova
3 a della birra; b dei funghi;
c degli spaghetti; d dell'ananas;
e del vino; f dello yogurt;
g della mortadella; h dell'acqua minerale;
i dei cioccolatini
4 a di, dello; b del; c di; d delle; e degli;
f di; g della; h di, dell'

23
1 a No, non ti amo. b Sì, la mangio.
c Sì, lo vedo. d No, non vi veniamo a trovare. e Sì, le ho. f Sì, La posso aiutare.
2 … Li ho in una grande cesta. … Tutte le mie amiche la vorrebbero avere / vorrebbero averla. Io ho anche altre bambole, ma le lascio sempre nella cesta perché non mi piacciono più. … Lo adoro e gioco tutti i giorni con lui. Prendiamo la mia bambola e giochiamo con lei per ore. Luca e la bambola, io amo solo loro!
3 a me; b te; c ci; d loro; e vederla;
f ti; g li; h lei
4 b 2; c 6; d 4; e 1; f 5; g 7

24
1 b 5; c 1; d 6; e 3; f 4
2 a No, non mi piace. b Sì, ti telefono.
c Sì, vi preparo dei tramezzini. d No, non ci serve. e Sì, le regalo un orologio di Cartier.
f Sì, gli dispiace sicuramente moltissimo!
3 a Perché non mi spieghi come funziona il lettore DVD? b Non gli interessa il calcio.
c Signora Lusani, mi dispiace non Le posso dare / non posso darLe un aumento.
d Il tecnico ci consiglia di comprare una lavatrice nuova. e Non vi manca niente vero? f Perché non ti piace vedere la partita la domenica?

4 a Le; b te; c le; d voi; e mi; f ci;
g offrirvi; h gli

25
1 a Me le; b Glielo; c Gliele; d ve la;
e Gliela; f Ce la; g te lo; h me li
2 a I nostri genitori ce lo regalano.
b Quando ve la dobbiamo restituire?
c Glielo puoi prendere / Puoi prenderglielo?
d Me li dai? e Adesso te la racconto.
f Glieli posso consegnare domani / Posso consegnarglieli domani?
3 b 5; c 1; d 7; e 8; f 6; g 3; h 2
4 a Sì, ve la do volentieri. b Certo, te lo compro più tardi. c Sì, se la vedo glielo dico. d No, non ve li faccio provare.
e Certo, te li presto se ti servono.
f Sì, me le compro.

26
1 a Ci piace visitare paesi stranieri.
b A Lia non piacciono i gioielli.
c A lei piace la pittura surrealista.
d A mio fratello piace guidare di notte. e Non ti piace la musica rock?
2 Mi piace ballare il tango, suonare la batteria, cenare fuori, il vino rosso, il caffè corretto, il basket. Mi piacciono le scarpe con i tacchi alti, i ragazzi muscolosi.
3 a piace; b piace; c piace; d piacciono;
e piace, piace; f piacciono; g piacciono;
h piace
4 a piace cucinare; b piace leggere;
c piace, l'italiano; d piacciono il tennis e la pallavolo; e piace viaggiare con i mezzi pubblici; f piacciono i colori scuri e gli abiti lunghi; g piace il giardinaggio; h piace guardare la TV

27

1 a Oggi non posso andare in ufficio.
b Non gli piace lavare i piatti.
c Enrico non ha pazienza. d Loro non sono di qui. e I miei CD non te li presto.
f Non hanno voglia di venire alla festa.
2 a no; b non; c no; d non; e no;
f No, Non; g no
3 a Non abbiamo fame. b Spero di no.
c Perché non vieni da me? d Non Le piace il film? e Non lo so. f Umberto non si iscrive all'università.
4 a Rossana non parla l'inglese.
b I miei genitori non mi capiscono.
c Lei non è italiano? d Penso di no.
e Oggi non ho voglia di fare sport.
f Suo fratello non lo aiuta con i compiti.
g No, grazie. Non ho sete. h Domani non mi posso riposare.

28

1 a Non prendo niente, grazie.
b Gina e Marcella non sono né belle né simpatiche. / Gina e Marcella non sono né simpatiche né belle. c Da domani non lavoriamo più. d Non fanno mai sport.
e Nessuno mi crede.
2 a nessuno; b niente; c mai; d né … né;
e più; f nemmeno
3 a Non mi incontro con nessuno.
b (Lui) non fa colazione mai. / (Lui) non fa mai colazione. c Non abbiamo più fame.
d Qui / Qua non si vede niente.
e Non vogliono né studiare né lavorare.
f Perché non andate mai in vacanza?
4 a Carla non si alza mai presto.
b Non mi piace né ballare né cantare.
c Mia figlia non parla con nessuno.
d Domani non possiamo andare né a teatro né a cena fuori. e Non hai più voglia di giocare a carte? f Non navigate mai su Internet?

Test 2

1b, 2a, 3b, 4a, 5a, 6b, 7b, 8a, 9a, 10a, 11b, 12b, 13b, 14a, 15a, 16b, 17b, 18a, 19b, 20a, 21a, 22a, 23a, 24b, 25b, 26b, 27a, 28a, 29b, 30b

29

1 a ci penso; b ci vado; c non ci lavoro;
d non ci veniamo; e non ce l'ho;
f non ci credo
2 a Ci penso spesso. b Bianca ci litiga sempre. c Domani ci torno. d Ci potete contare. e Qualche volta ci pensate?
f I genitori di Livio non ci credono.
g Quando ci vai?
3 a ci va d'accordo; b ci credo;
c ci andiamo; d ci tornano;
e ci posso sempre contare;
f ci devi rinunciare; g ci giocano
4 a ci; b –; c –; d Ci; e ce; f –;
g ci; h Ci

30

1 b 8; c 6; d 2; e 3; f 5; g 1; h 4
2 a Sì, ne sono contento. b Ne vuole un altro bicchiere? c Ne vorrei un chilo.
d Ne sei convinto? e Mio padre ne conosce alcuni. f Nessuno ne parla.
3 a ne trovo; b ne volete; c Ne ho;
d ne mangio; e ne compri; f ne ho;
g ne dite
4 a ne; b Ne; c Ne; d –; e ne; f –; g Ne

31

1 queste: sigarette, industrie;
questi: cani, bicchieri;
questa: festa, amica, lingua;
questo: treno, aereo, maglione

Lösungsschlüssel

2 questi, questa, quest' / questo, queste, quest' / questa, questi
3 a Questo regalo è per te. b Questa borsa è molto pesante! c Questa è una bella sorpresa! d Quanto costano questi di pelle? e Ti piacciono queste a quadri?
4 a Questi (A); b questo (A); c questo (P); d Quest' / Questa (A); e Queste (A); f questi (P); g Questa (P); h Queste (A)

32

1 quel: signore, parco;
quell': armadio, olio;
quello: spumante, scherzo;
quella: casa, giacca;
quei: libri, bicchieri;
quegli: stadi, spettacoli;
quelle: etichette, scarpe
2 quelle, quell', quegli, quei, quel, quello
3 a quella; b quel; c Quei; d quello; e quelle; f Quell'; g quegli; h Quell'
4 a quella; b quello, c Quell'; d quel, Quello; e quei; f quelli; g quelle, Quelle; h quegli

33

1 *Unregelmäßige Partizipien:* stato (*von* essere), aperto, preso, visto, mosso;
Regelmäßige Partizipien: stato (*von* stare), trovato, portato, pulito, ballato, caduto
2 cominciato, finire, rimanere, letto, capito, vincere, perduto / perso, andare
3 a preparato; b stati; c andata; d fatto, arrabbiato; e tornate; f pulito; g nati; h cambiato
4 a hai superato; b sono venute; c è uscita; d ho riso; e siete tornati; f hanno divorziato; g è andato, ha offerto

34

1 Ho capito, incontrato, guardato, venduto, sentito; Sono uscito, caduto, partito, venuto, nato
2 a siamo andati/e; b hai più scritto; c ho letto; d siete stati; e è accaduta; f sono piaciute; g hanno perso
3 a L'anno scorso Nadia si è iscritta all'università. b Ieri i miei amici e io ci siamo divertiti molto. c Ti è piaciuto il film? d Oggi non ho lavorato molto. e Ieri sera siamo rimasti/e a casa. f Hanno dovuto comprare un regalo per un amico. g Ieri non sono potuto/a uscire. h Lo scorso semestre Ian ha frequentato un corso d'italiano.
4 a ho mai bevuto; b è successo; c ha organizzato; d mi sono trasferita; e Abbiamo camminato; f Ho perso

35

1 b 7; c 3; d 5; e 4; f 1; g 8; h 6
2 a regalata; b prenotati; c fumate; d chiamato; e viste; f comprate; g presa; h prestati
3 a L'ho pagato con la carta di credito. b Dove l'avete parcheggiata? c Dove li hai messi? d La signora Fini ne ha comprati due chili. e L'avete spenta? f Le ho perse. g Carlo ne ha bevuto solo un bicchiere. h Non l'hanno chiuso.
4 a l'ha accompagnata; b le ho conosciute; c L'ho superato; d Ne ho già mangiato; e ne abbiamo vista; f le hai messe; g li avete lavati; h l'ha offerto

36

1 b Ieri Carla e io abbiamo finito di lavorare tardi. c Melania, hai finito? d Massimo ha cambiato la mia vita!

e Dopo l'incidente Serena è cambiata completamente.
2 a Lo spettacolo è cominciato in ritardo. b Non siete mai scesi/e alla fermata giusta! c Il direttore mi ha aumentato lo stipendio. d Lorenzo ha cambiato casa. e Nora, sei salita con l'ascensore? f Quella storia è finita male. g Pioggia e vento sono diminuiti lentamente.
3 a sono aumentati; b abbiamo finito; c sono diminuite; d è aumentato; e è finita; f ha cambiato; g siete saliti; h hai sceso
4 a ho ancora finito; b ha cambiato; c è finito; d avete cominciato; e è diminuito; f sono cominciate; g è aumentata; h è scesa

37

1 a che; b che; c di; d degli; e che; f di; g di; h che
2 a Il computer è più utile della macchina da scrivere. b Io ho una vita più eccitante che monotona. c È meno difficile andare d'accordo con Mauro che con Tiziana. d Giocare a scacchi è più complicato che giocare a dama. e Io sono meno fortunata di Patrizia.
3 a più, di, più, di; b più, di, più, di; c come; d meno, più; e come, come; f come, più, di; g più, di, più, di

38

1 b 6; c 5; d 1; e 2; f 4
2 a forte forte; b piccolo piccolo; c contentissima; d molto eleganti; e assai interessante; f più brava; g velocissimo; h meno caro
3 a Questo film è il più interessante. / Questo film è interessantissimo.
b Rita, sei la più gentile! / Rita sei gentilissima! c Questi esercizi sono i più difficili. / Questi esercizi sono difficilissimi. d bellissima; e Luca è il ragazzo più alto. / Luca è un ragazzo altissimo. f I vicini hanno la casa più ordinata. / I vicini hanno una casa ordinatissima. g Ada e Tina sono le più studiose. / Ada e Tina sono studiosissime.
4 a la più carina; b caldissima; c il più vecchio; d meno fredda; e pericolosissimo; f profumatissimi

39

1 a le sue; b La mia; c i tuoi; d La vostra; e la loro; f il nostro; g i tuoi; h il Suo
2 a la sua; b il vostro; c il loro; d i tuoi; e il nostro; f la tua; g le sue
3 a Il mio problema è serio. b Il tuo vestito è molto elegante. c La nostra gatta è furbissima. d I suoi amici sono inglesi. e La vostra villa è a Beverly Hills? f Il loro giardino è curatissimo. g I miei vicini sono insopportabili.
4 a il nostro; b la Vostra; c i suoi; d il mio; e Le mie; f il loro; g le sue; h la tua

40

1 la mia: sorellina, ragazza, mamma; mia: zia, madre, cugina; mio: nonno, figlio, fratello; il mio: cuginetto, fidanzato, papà
2 a i tuoi; b Il mio; c Sua; d la mia; e i vostri; f mio, la sua; g tua; h mio
3 a la sua; b i vostri; c Mia; d i nostri; e il tuo; f i loro; g Suo; h mio

41

1 a Tutti; b Ogni; c molta; d poche; e tanti; f Qualche

Lösungsschlüssel

2 a Qualche volta andiamo al ristorante cinese. b Alla sfilata ho conosciuto alcune modelle. c Vittorio possiede alcuni oggetti d'antiquariato. d Mirco ha qualche cliente in Olanda.
3 a tutti i; b tutto; c tutte; d tutta la; e tutte le, tutte
4 a troppa; b tanti; c ogni; d altro; e tutti; f poche

42
1 a chi; b Quale; c Quando; d Quanti; e Di dove; f quanti
2 a quanto; b Quali; c quanti; d Quante; e Quale; f Qual
3 a Che; b Perché; c A chi; d Che; e Come; f Con chi
4 a Quanti anni hai? b Dove siete stati? c Che cosa / Cosa hai comprato? d Quanti eravate? e Da dove viene? f Qual è il tuo film preferito? g Quante lingue parlano? h Dove va Susanna? / Da chi va Susanna?

Test 3
1a, 2b, 3b, 4a, 5a, 6b, 7a, 8a, 9b, 10b, 11b, 12b, 13a, 14b, 15a, 16a, 17b, 18b, 19a, 20b, 21a, 22a, 23a, 24a, 25a, 26b, 27a, 28b, 29a, 30b

43
1 io: dicevo, partivo;
tu: dormivi, parlavi, ti lavavi, sapevi;
lui / lei / Lei: leggeva, guardava;
noi: dovevamo, bevevamo;
voi: scrivevate, avevate;
loro: facevano, si alzavano, uscivano, capivano
2 cantare: cantavi, cantavamo, cantavate, cantavano;
prendere: prendevo, prendeva, prendevamo, prendevate;
salire: salivo, salivi, saliva, salivano
3 a lavoravo; b andavamo; c beveva; d eravamo; e mettevano; f seguivate; g finivi; h facevi
4 a doveva; b raccontava; c mangiavate; d andavamo; e vivevano; f uscivo; g facevi; h mi divertivo

44
1 era; giocava; faceva; tornava; giocavano; leggevano; cominciava; era; hanno chiuso; è salito; ha cominciato; si è rotto; ha dormito; era, si sentiva; è andato
2 a c'era, ci sono andato; b portava; c aspettavo, ho incontrato; d siamo stati; e abitavano, hanno comprato; f era, parlava; g preparava, facevano; h abbiamo fatto, siamo andati
3 hai passato; mi alzavo; mi vestivo; scendevo; compravo; andavo; facevi; ho fatto; ho visitato; cenavo; facevo; mangiavo

45
1 b 7; c 2; d 1; e 4; f 5; g 6
2 a Volevamo; b sapevate; c potevi; d siamo potuti; e doveva; f hai conosciuto; g ho saputo
3 dovevo; dovevi; volevo; ho potuto; volevo; sono dovuta; ho dovuto; potevi; Dovevo; potevi; volevo; ho saputo; abbiamo dovuto

46
1 b Il film che abbiamo visto ieri sera era noiosissimo! c Finalmente ho trovato l'appartamento che cercavo! d Non sei ancora andato a vedere lo spettacolo di cui ti ho tanto parlato? e Hai visto il regalo che mi ha fatto Sabina? f È un vaso prezioso a cui tengo particolarmente.

Lösungsschlüssel

g Quello è il ragazzo con cui è uscita Roberta. Bello, vero? h Mamma, l'asciugacapelli che hai comprato si è già rotto!
2 a Ieri ho incontrato Erminia con cui ho seguito il corso di spagnolo. b Gianluca vive in una strada che è molto rumorosa / La strada in cui vive Gianluca è molto rumorosa. c Vi piace il quadro che ho dipinto? d Questa è la ragazza per cui Antonio ha perso la testa! e Volete provare il cocktail che ho preparato proprio per voi?
3 a che; b su cui; c con cui; d di cui; e che; f che; g a cui / cui; h che

47
1 b 5; c 3; d 1; e 6; f 4
2 a era ancora finita; b Aveva appena cominciato; c era già andata; d aveva regalato; e Avevamo fissato
3 a aveva capito; b avevano comprato; c Avevamo deciso; d avevo mai visto
4 a avevamo dimenticato, abbiamo trovate; b avevamo più trascorso, abbiamo chiamato, siamo usciti, Avevamo prenotato, abbiamo cambiato, siamo andati; c avevano mangiato, sono andate, hanno conosciuto, volevano, erano, hanno rifiutato

48
1 *regelmäßige Verben:* guadagnerei, finirebbero, parlereste, prenderemmo, salirebbe;
unregelmäßige Verben: avreste, sarebbe, vorrei, berresti, andremmo
2 aiutare: aiuteresti, aiuterebbe, aiuteremmo, aiutereste, aiuterebbero;
vivere: vivrei, vivresti, vivrebbe, vivremmo, vivreste;
capire: capirei, capiresti, capiremmo, capireste, capirebbero
3 a potresti; b Vorrei; c desidererebbero; d aiuteresti; e fareste; f piacerebbe; g saprebbe; h avreste
4 a direste; b Saremmo; c rimarrebbero; d verrebbe; e presteresti

49
1 a Simona, dovresti cercare di stare più attenta! b Mi aiutereste a portare questa cassa in cantina? c Domani farei un giro in centro. d Preferiremmo prendere solo un secondo. e Le dispiacerebbe aprire la porta? f Non dovresti correre tanto con la moto!
2 a potresti; b si iscriverebbero; c piacerebbe; d potrebbe; e direi; f dareste; g mi sentirei; h guarderemmo
3 a vivrebbero; b Prepareremmo; c Dovresti; d lavorerei; e farebbero; f accenderesti; g piacerebbe
4 a Mi passeresti la bottiglia?
b Potrebbe / Potreste chiudere la finestra?
c Dovresti cercare un nuovo lavoro. / Ti dovresti cercare un nuovo lavoro. Dovresti cercarti un nuovo lavoro.
d Ti verrei a trovare volentieri. / Verrei a trovarti volentieri. e I miei figli dovrebbero tornare a mezzogiorno.
f Farei volentieri un viaggio.

50
1 a Saremmo potuti / potute andare insieme dal parrucchiere. b Mi sarebbe piaciuto partecipare a un concorso di bellezza. c Oggi avrei mangiato volentieri le penne al salmone. d Due miei amici avrebbero voluto fare il giro del mondo.
e Cambiando lavoro avresti fatto carriera.

Lösungsschlüssel

f Sareste dovuti / dovute essere più gentili con Marina!
2 a saremmo andati, nemmeno una camera libera; b avrei fatto, era rotto; c avresti potuto, ti stava benissimo; d non me lo hai detto, avrei aiutato
3 a porterei; b Vi sareste divertiti; c direi; d vorrebbe; e Potremmo; f Avresti guadagnato; g avresti dovuto; h piacerebbe

51

1 tu: va', esci, porta, finisci, smetti; Lei: faccia, metta, senta, dia, chiami, parli; voi: guardate, dite, leggete, partite
2 a sia; b spedisca; c sta' / stai; d chiudi; e comincia; f prendete
3 a Fa' / Fai un bel viaggio! b Abbia un po' di pazienza! c State zitti! d Venga più spesso! e Scrivi una lettera a tua nonna!
4 a Chieda nella farmacia lì all'angolo. b Beh, beva un bel caffè forte forte. c Allora, va' / vai dal dietologo. d Beh, comprate l'ultimo CD di Adriano Celentano. e Uscite con degli amici.

52

1 b 3; c 4; d 5; e 1; f 2
2 a Leggilo. È molto interessante. b Comprane due chili. c La faccia come gli altri. d A Natale recitategliela. e Ci vada, se può. f Dalle una mano. g Aiutateli a fare i compiti.
3 a ricordati; b vacci; c Regalategliela; d Prendila; e Spegnetela; f glielo spieghi; g lavatevi
4 a vienici; b Ne affetti; c Lo beva; d Restituitecela; e pulitevi

53

1 tu: Non dire bugie! Non spendere troppo! Non ti alzare / Non alzarti tardi! Non gli dare / Non dargli niente! Lei: Non si preoccupi! Non dica bugie! Non si alzi tardi! Non abbia fretta! voi: Non vi preoccupate / Non preoccupatevi! Non spendete troppo! Non abbiate fretta! Non gli date / Non dategli niente!
2 a non partite; b non alzatevi / non vi alzate; c non fare; d non essere; e non ci andare / non andarci; f non venga
3 a Non parlare mentre mangi! b Non dica sempre quello che pensa! c Non uscite ogni sera! d Non dia troppo di mancia! e Non scrivere sui muri!
4 a Non stare troppe ore davanti al computer! b Non ditegli / Non gli dite niente! c Non sollevare cose troppo pesanti! d Allora, non perda tempo!

Test 4

1b, 2b, 3a, 4b, 5a, 6a, 7a, 8b, 9b, 10a, 11b, 12b, 13b, 14a, 15a, 16b, 17b, 18b, 19a, 20b, 21a, 22b, 23b, 24a, 25a, 26a, 27a, 28b, 29b, 30a

54

1 *regelmäßige Verben:* noi partiremo, voi riderete, io giocherò, tu leggerai, tu capirai;
unregelmäßige Verben: lui / Lei / Lei sarà, tu berrai, io avrò, noi potremo, voi vorrete, loro sapranno
2 a Mi costruirò una casa in campagna. b Dove andrete la prossima estate? c Preferiranno sicuramente pernottare in albergo. d Rimarremo solo una notte. e A che ora arriverai? f Trascorrerà due mesi al mare. g Non verranno mai più.
3 a Per chi voterete alle elezioni?

Lösungsschlüssel

b Quando ti firmeranno il contratto?
c Ti daremo una mano. d Quanti anni avrà la professoressa di latino? e Cercherò di fare il possibile per aiutarti. f Dove saranno i bambini? g Quando finirai l'università?
4 a berrò; b si stancherà, si fidanzerà; c comincerete; d diranno; e darai; f saprò; g Verremo; h diventerà

55

1 a avrò comprato il computer; b avranno trovato un lavoro; c avremo frequentato un corso d'inglese; d avrà nevicato; e avrà capito l'errore
2 a Appena avrete completato il lavoro, avrete più tempo libero. b Appena Alessandro avrà chiamato, ti darò la risposta. c Quando saremo andati in pensione, passeremo più tempo con i nostri nipotini. d Appena la riunione sarà finita, andranno a cena fuori. e Appena ti sarai ripreso / ripresa dall'operazione, potremo di nuovo fare jogging insieme.
3 a avrai dimenticati; b ci trasferiremo; c Sarà; d avrò cenato, leggerò, e Avrà dormito; f avrà

56

1 a Si sta rilassando. b Sta leggendo il giornale. c Sta ascoltando la musica. d Non sta bevendo un caffè. e Sta telefonando. f Non sta aprendo un pacco. g Non sta scrivendo un'e-mail.
2 a Alberto sta per cominciare un nuovo lavoro. b State per uscire. c I miei genitori stanno per tornare. d Stiamo per concludere un affare importante. e Sto per aprire un negozio in centro.
3 a I bambini stanno dormendo. b Sta per cominciare il Gran Premio.

c Sto per andare dal parrucchiere.
d Miriam sta facendo la doccia.
e Ida e Cesare stanno per divorziare. f Stiamo andando a dormire.
4 a Fabio e io stavamo litigando; b Stavo per pagare; c Che cosa / Cosa stavate facendo? d Stavano per partire

57

1 *regelmäßige Formen:* apriate, leggano, senta, scriviamo, parlino;
unregelmäßige Formen: bevano, sia, venga, vogliate, diciamo
2 regalare: regali, regali, regaliamo, regaliate, regalino;
vendere: venda, venda, venda, vendiamo, vendiate;
sentire: senta, senta, senta, sentiate, sentano
3 a produrre (K); b raccogliere (I); c sapere (I/K); d prendere (K); e piangere (K); f mantenere (I); g offrire (K); h dimagrire (K); i dovere (I/K); j dare (K); k lavorare (I/K)
4 a impari; b abbia; c superi; d vada; e soffrano; f venga

58

1 a voglia; b si arrabbi; c si trasferiscano; d sappiate; e ritorniamo; f faccia
2 a arrivi; b frequenti; c debba; d vendiamo; e possa; f impariate; g sia; h evitino
3 a Credo che mia moglie non si rilassi mai. b Crediamo che quelle due dicano solo bugie. c Credono di essere i migliori! d Credete che la Juve vinca lo scudetto? e Credo che mangiate troppi dolci! f Non credo di ottenere il prestito.
4 a È utile che i miei genitori ci aiutino. b Spero che il regalo ti piaccia.

Lösungsschlüssel

c Mio padre non vuole che diventi un boxer.
d Preferiamo che veniate domani.

59
1 a abbia chiuso; b siano già arrivati;
c abbiate festeggiato; d si sia riposato;
e abbia abbaiato; f abbia mangiato
2 a Credono di avere perso tempo.
b Credi che Mario e Bianca siano partiti?
c Credono che tu abbia esagerato ieri sera.
d Credo di essere ingrassato. e Crediamo che a Tina non sia piaciuta la festa. f Credo che ieri tutti abbiano visto la finale.
3 a Siamo convinti che Lello abbia inventato una scusa. b Spero che le tue vacanze siano andate bene. c Mi auguro che ti sia riappacificato / riappacificata con Clelia.
d Pensano che sia riuscito / riuscita a trovare una soluzione. e È possibile che nessuno ci abbia visto.
4 a abbia ereditato; b permetta;
c abbia mai avuto; d abbia perso; e sia

60
1 a riuscisse; b funzionasse; c veniste;
d pagasse; e giocassero; f bevessi
2 a Avevamo paura che Enrico fosse nei guai! b Era importante che ne parlassimo.
c Supponevo che tu lo sapessi.
d Si augurava che la situazione migliorasse.
e Pensavo che Fabio ti amasse.
f Credevamo che vi capissero.
3 Speravamo che decidessero di restare.
b Non sapeva che Renato avesse già 30 anni. c Speravo di essere incinta.
d Immaginavate che la nostra casa costasse tanto? e Temeva di fare uno sbaglio.
4 a sapessi; b ascoltasse; c potessero;
d piacesse; e insegnasse; f scoprissero;
g si trovasse; h veniste

61
1 a avessi studiato; b foste stati/e;
c avessero saputo; d avesse più chiamato;
e avessero dato; f fossimo già usciti/e
2 a Credevo che Nino non avesse dormito a casa. b Era possibile che avesse nevicato a lungo. c Speravo che le mie piante fossero cresciute. d Credeva che avessi letto quel libro. e Pensavano che avessimo finito. f Era probabile che i prezzi fossero aumentati.
3 a Temevo di avere deluso i miei genitori.
b Speravamo che Liliana avesse preparato un piatto orientale. c Nessuno immaginava che quel tipo avesse ucciso tante persone.
d Speravo che non avessi sofferto tanto.
e Aldo non sapeva di avere preso una multa.
4 a facessi; b fosse morta; c avessero sentito; d aiutaste; e potesse; f fossero dovuti

62
1 a tagliassi; b decidiamo;
c saremmo venuti; d regaleremo;
e dicevi; f potremmo
2 a Se avessimo tempo ci iscriveremmo a un corso di cucina. b Se Cinzia si sposasse con Mario, suo fratello dovrebbe cambiare casa! c Se avessi un aumento, comprerei un'auto nuova. d Se trovassero i biglietti, andrebbero a vedere la partita.
3 a Se avessi vinto il primo premio della lotteria, avrei smesso di lavorare.
b Se avessi mangiato di meno, ti saresti sentito / sentita meglio. c Se Liana avesse trovato un monolocale, avrebbe accettato quel lavoro. d Se aveste invitato anche Maurizio, sarebbe stato meglio!
4 a avrebbero; b andiamo; c avessi detto;
d smettessi; e facevo; f potrò

Lösungsschlüssel

63
1 a oppure; b e; c Appena; d che; e Mentre; f pure

2 a Stavamo guardando la TV, quando è andata via la luce. b Ieri sera ho mangiato una minestra e un po' di formaggio. c Nonostante sia in vacanza, mi sento stressato! d Mettiamo tutto in ordine prima che arrivino gli ospiti. e Hai la moto e anche la macchina? f Avevo fame perciò ho comprato un panino con la mortadella.

3 a affinché; b siccome; c perché; d Appena; e però; f Mentre; g sebbene; h sia

64
1 a è stata pagata; b verranno consegnate; c deve essere riparata; d sia stato trovato e sono stati ristrutturati; f verrà invitato

2 a Gli inviti verranno / saranno spediti con molto anticipo. b La partita è stata giocata allo stadio San Siro di Milano. c Penso che Gigi sia stato lasciato. d La mozzarella viene / è prodotta in Campania. e Venti anni fa Internet non veniva / era usato. f Tutte le riparazioni sono state completate. g Gli appuntamenti dell'avvocato verranno / saranno spostati.

3 a Siamo stati; b verrà / sarà; c è stato; d siano state; e viene / è; f sono stati

Test 5
1b, 2b, 3a, 4a, 5b, 6b, 7a, 8b, 9b, 10a, 11b, 12a, 13b, 14a, 15b, 16b, 17a, 18a, 19b, 20b, 21b, 22a, 23a, 24b, 25a, 26a, 27b, 28b, 29a, 30a

Liste unregelmäßiger Verben

Grundform	Ind. Präsens	imperfetto	futuro semplice	condizionale pres.
accendere				
andare*	vado vai va andiamo andate vanno		andrò	andrei . . . . .
aprire				
avere	ho hai ha abbiamo avete hanno		avrò	avrei . . . . .
bere	bevo bevi beve beviamo bevete bevono	bevevo . . .	berrò . . .	berrei . . .
cadere*			cadrò	cadrei
chiedere				
chiudere				
dare	do dai dà diamo date danno		darò . . .	darei . . .
decidere				
dipingere				
dire	dico dici dice diciamo dite dicono	dicevo . . .	dirò . . .	direi . . .

Liste unregelmäßiger Verben

Imperativ	congiuntivo pres.	congiuntivo imp.	Partizip Perfekt	
			acceso	*anzünden*
va' / vai (2. Pers. Sing.)	vada			*gehen*
	vada			
vada (Höflichkeitsform)	vada			
	andiamo			
andate (2. Pers. Pl., Höflichkeitsform)	andate			
	vadano			
			aperto	*öffnen*
abbi (2. Pers. Sing.)	abbia			*haben*
	abbia			
abbia (Höflichkeitsform)	abbia			
	abbiamo			
abbiate (2. Pers. Pl., Höflichkeitsform)	abbiate			
	abbiano			
bevi (2. Pers. Sing.)	beva	bevessi	bevuto	*trinken*
	beva	.		
beva (Höflichkeitsform)	beva	.		
	beviamo	.		
bevete (2. Pers. Pl., Höflichkeitsform)	beviate			
	bevano			
				fallen
			chiesto	*fragen*
			chiuso	*schließen*
da' / dai (2. Pers. Sing.)	dia	dessi		*geben*
	dia	.		
dia (Höflichkeitsform)	dia	.		
	diamo	.		
date (2. Pers. Pl., Höflichkeitsform)	diate			
	diano			
			deciso	*beschließen*
			dipinto	*malen*
di' (2. Pers. Sing.)	dica	dicessi	detto	*sagen*
	dica	.		
dica (Höflichkeitsform)	dica	.		
	diciamo	.		
dite (2. Pers. Pl., Höflichkeitsform)	diciate			
	dicano			

Liste unregelmäßiger Verben

Grundform	Ind. Präsens	imperfetto	futuro semplice	condizionale pres.
dovere**	devo devi deve dobbiamo dovete devono		dovrò	dovrei . . . . .
essere*	sono sei è siamo siete sono	ero eri era eravamo eravate erano	sarò	sarei . . . . .
fare	faccio fai fa facciamo fate fanno	facevo . . .	farò . . .	farei . . .
iscrivere → scrivere				
leggere				
mantenere → tenere				
mettere				
muovere				
nascere*				
offrire				
ottenere → tenere				
perdere				
permettere → mettere				
piacere*	piaccio piaci piace piacciamo piacete piacciono			
piangere				

Liste unregelmäßiger Verben

Imperativ	congiuntivo pres.	congiuntivo imp.	Partizip Perfekt	
	debba			müssen, sollen
	debba			
	debba			
	dobbiamo			
	dobbiate			
	debbano			
sii (2. Pers. Sing.) sia (Höflichkeitsform) siate (2. Pers. Pl., Höflichkeitsform)	sia sia sia siamo siate siano	fossi	stato	sein
fa' / fai (2. Pers. Sing.) faccia (Höflichkeitsform) fate (2. Pers. Pl., Höflichkeitsform)	faccia faccia faccia facciamo facciate facciano	facessi . . .	fatto	machen, tun
				einschreiben
			letto	lesen
				aufrechterhalten
			messo	stellen, legen
			mosso	bewegen
			nato	geboren werden
			offerto	anbieten
				erreichen
			perso / perduto	verlieren
				erlauben
piaci (2. Pers. Sing.) piaccia (Höflichkeitsform) piacete (2. Pers. Pl., Höflichkeitsform)	piaccia piaccia piaccia piacciamo piacciate piacciano		piaciuto	gefallen
			pianto	weinen

Liste unregelmäßiger Verben

Grundform	Ind. Präsens	imperfetto	futuro semplice	condizionale pres.
potere**	posso puoi può possiamo potete possono		potrò	potrei . . . . .
prendere				
produrre	produco produci produce produciamo producete producono	producevo . . .		
ridere				
rimanere*	rimango rimani rimane rimaniamo rimanete rimangono		rimarrò . . .	rimarrei . . .
rispondere				
riuscire* → uscire				
rompere				
salire**	salgo sali sale saliamo salite salgono			
sapere	so sai sa sappiamo sapete sanno		saprò . . .	saprei . . .

Liste unregelmäßiger Verben

Imperativ	congiuntivo pres.	congiuntivo imp.	Partizip Perfekt	
	possa			können
	possa			
	possa			
	possiamo			
	possiate			
	possano			
			preso	nehmen
produci (2. Pers. Sing.)	produca	producessi	prodotto	herstellen
	produca	.		
produca (Höflichkeitsform)	produca	.		
	produciamo	.		
producete (2. Pers. Pl., Höflichkeitsform)	produciate			
	producano			
			riso	lachen
rimani (2. Pers. Sing.)	rimanga		rimasto	bleiben
	rimanga			
rimanga (Höflichkeitsform)	rimanga			
	rimaniamo			
rimanete (2. Pers. Pl., Höflichkeitsform)	rimaniate			
	rimangano			
			risposto	antworten
				gelingen
			rotto	zerbrechen
sali (2. Pers. Sing.)	salga			hinaufgehen
	salga			
salga (Höflichkeitsform)	salga			
	saliamo			
salite (2. Pers. Pl., Höflichkeitsform)	saliate			
	salgano			
sappi (2. Pers. Sing.)	sappia			wissen, können
	sappia			
sappia (Höflichkeitsform)	sappia			
	sappiamo			
sappiate (2. Pers. Pl., Höflichkeitsform)	sappiate			
	sappiano			

Liste unregelmäßiger Verben

Grundform	Ind. Präsens	imperfetto	futuro semplice	condizionale pres.
scegliere	scelgo			
	scegli			
	sceglie			
	scegliamo			
	scegliete			
	scelgono			
scendere**				
scoprire → aprire				
scrivere				
sedere	siedo		siederò	siederei
	siedi		.	.
	siede		.	.
	sediamo		.	.
	sedete			
	siedono			
smettere → mettere				
soffrire → offrire				
spegnere	spengo			
	spegni			
	spegne			
	spegnamo			
	spegnete			
	spengono			
stare*	sto		starò	starei
	stai		.	.
	sta		.	.
	stiamo		.	.
	state			
	stanno			
succedere*				
tenere	tengo		terrò	terrei
	tieni		.	.
	tiene		.	.
	teniamo		.	.
	tenete			
	tengono			
togliere				
trascorrere				
uccidere → decidere				

Liste unregelmäßiger Verben

Imperativ	congiuntivo pres.	congiuntivo imp.	Partizip Perfekt	
scegli (2. Pers. Sing.)	scelga scelga		scelto	*auswählen*
scelga (Höflichkeitsform)	scelga scegliamo			
scegliete (2. Pers. Pl., Höflichkeitsform)	scegliate scelgano			
			sceso	*hinuntergehen*
				entdecken
			scritto	*schreiben*
siedi (2. Pers. Sing.)	sieda sieda			*sitzen*
sieda (Höflichkeitsform)	sieda sediamo			
sedete (2. Pers. Pl., Höflichkeitsform)	sediate siedano			
				aufhören
				leiden
spegni (2. Pers. Sing.)	spenga spenga		spento	*auslöschen*
spenga (Höflichkeitsform)	spenga spegnamo			
spegnete (2. Pers. Pl., Höflichkeitsform)	spegnate spengano			
sta' / stai (2. Pers. Sing.)	stia stia	stessi .		*bleiben*
stia (Höflichkeitsform)	stia stiamo	. .		
state (2. Pers. Pl., Höflichkeitsform)	stiate stiano			
			successo	*geschehen*
tieni (2. Pers. Sing.)	tenga tenga			*behalten*
tenga (Höflichkeitsform)	tenga teniamo			
tenete (2. Pers. Pl., Höflichkeitsform)	teniate tengano			
			tolto	*wegnehmen*
			trascorso	*verbringen*
				töten

Liste unregelmäßiger Verben

Grundform	Ind. Präsens	imperfetto	futuro semplice	condizionale pres.
uscire*	esco			
	esci			
	esce			
	usciamo			
	uscite			
	escono			
vedere				
venire	vengo		verrò	verrei
	vieni		.	.
	viene		.	.
	veniamo		.	.
	venite			
	vengono			
vincere				
vivere			vivrò	vivrei
volere**	voglio		vorrò	vorrei
	vuoi		.	.
	vuole		.	.
	vogliamo		.	.
	volete			
	vogliono			

Verben ohne Sternchen werden in den zusammengesetzten Zeiten mit dem Hilfsverb avere konjugiert.
* Verben, die in den zusammengesetzten Zeiten mit dem Hilfsverb essere konjugiert werden.
** Verben, die in den zusammengesetzten Zeiten sowohl mit essere als auch mit avere konjugiert werden.

Liste unregelmäßiger Verben

Imperativ	congiuntivo pres.	congiuntivo imp.	Partizip Perfekt	
esci (2. Pers. Sing.) esca (Höflichkeitsform) uscite (2. Pers. Pl., Höflichkeitsform)	esca esca esca usciamo usciate escano			*ausgehen*
			visto	*sehen*
vieni (2. Pers. Sing.) venga (Höflichkeitsform) venite (2. Pers. Pl., Höflichkeitsform)	venga venga venga veniamo veniate vengano		venuto	*kommen*
			vinto	*siegen*
			vissuto	*leben*
	voglia voglia voglia vogliamo vogliate vogliano			*wollen*

Register

Die Zahlen verweisen auf das entsprechende Kapitel.

A

a (+ Artikel) 17
aber 63
ABSOLUTER SUPERLATIV 38
ADJEKTIVE
    BELLO UND *BUONO* 14
    ENDUNG AUF *-O/-A* UND *-E* 13
    KOMPARATIV 37
    SUPERLATIV 38
    UNTERSCHIED ZU DEN ADVERBIEN 16
ADVERBIEN
    BILDUNG UND EIGENE FORMEN 15
    UNTERSCHIED ZU DEN ADJEKTIVEN 16
affinché 63
alcuni/-e 41
all- 41
als 37, 63
also 63
altro 41
anche 63
andare 10
andere 41
appena 63
ARTIKEL
    BESTIMMTE ARTIKEL 3, 4
    UNBESTIMMTE ARTIKEL 5
assai 38
auch nicht 28
auch 63
ausgehen 10
avere 6, 29, 33, 34

B

BEDINGUNGSSÄTZE 62
bello 14
bene 15, 16
benissimo 38
bere 10
BESTIMMTE MENGENANGABEN 22
BETONTE DIREKTE OBJEKTPRONOMEN 23
BETONTE INDIREKTE OBJEKTPRONOMEN 24
bevor 63
BINDEWÖRTER 63
bleiben 10
buono 14, 15, 16

C

c'è 7
che
    (= als) 37
    (+ Substantiv) 42
    (als Relativpronomen) 46
che cosa 42
chi 42
ci (als Pronominaladverb) 29
ci sono 7
come
    (= so ... wie) 37
    (= wie) 42
con 19
CONDIZIONALE PASSATO 50
CONDIZIONALE PRESENTE
    FORMEN 48
    GEBRAUCH 49
CONGIUNTIVO
    GEBRAUCH DES CONGIUNTIVO
    IM ALLGEMEINEN 58
CONGIUNTIVO IMPERFETTO 60
CONGIUNTIVO PASSATO 59
CONGIUNTIVO PRESENTE
    FORMEN 57
    GEBRAUCH 58
CONGIUNTIVO TRAPASSATO 61
cosa 42
cui 46

D

da (+ Artikel) 18, 64
da dove 42
da ist 7
da sind 7
da 63
damit 29, 63

Register

daran 29
darauf 29
dare 10
darüber 30
das 3, 31
   (als Relativpronomen) 46
dato che 63
DATUM 21
davon 30
dazu 30
DEMONSTRATIVADJEKTIVE UND -PRONOMEN
   QUELLO 32
   QUESTO 31
DEMONSTRATIVADJEKTIVE 31, 32
DEMONSTRATIVPRONOMEN 31, 32
der 3
   (als Relativpronomen) 46
der / die / das dort 32
deshalb 63
di
   (+ Artikel) 18, 22
   (= als) 37
di dove 42
die 3
   (als Relativpronomen) 46
dieser/-e/-es 31
dire 10
DIREKTE OBJEKTPRONOMEN 23
dort 29
dorthin 29
dove 42
dovere 9, 34, 45

E
e 63
ed 63
ein 5
eine 5
einige 41
erfahren 45
es gibt 7
essere 6, 33, 34, 64

F
fare 10
fra 19
FRAGEWÖRTER 42
FUTUR II 55
FUTURO ANTERIORE 55
FUTURO SEMPLICE 54

G
ganz 41
geben 10
gefallen 26
gehen 10
gelingen 10
GERUNDIUM 56
gli 3
GRUNDZAHLEN 20
gut 14, 15, 16
haben 6, 29, 33, 34

H
HILFSVERBEN 33, 34

I
i 3
il 3
IMPERATIV
   IMPERATIV 51
   STELLUNG DER PRONOMEN 52
   VERNEINTER IMPERATIV 53
IMPERFEKT 43, 44, 45
IMPERFETTO
   FORMEN 43
   GEBRAUCH VON MODALVERBEN, *SAPERE*
      UND *CONOSCERE* 45
   UNTERSCHIED ZUM PASSATO PROSSIMO 44
in (+ Artikel) 17
im Begriff sein, etw. zu tun 56
INDEFINITADJEKTIVE UND -PRONOMEN 41
INDIREKTE OBJEKTPRONOMEN 24

Register

J
jed- 41
jener/-e/-es 32

K
kein/-e 27
kennen lernen 45
kennen 45
kommen 10
KOMPARATIV DER ADJEKTIVE 37
KONJUNKTIONEN 63
KONJUNKTIV IMPERFEKT 48, 49
KONJUNKTIV 57, 58, 59, 60, 61
KONJUNKTIVAUSLÖSER 58
können 9, 34, 45

L
l' 3
la 3
le 3
lo 3
loro (als Possessivadj. u. Pron.) 39, 40

M
ma 63
machen 10
mai 28
male 15
man 12
meglio 37
mehr 28, 37
MEHRFACHE VERNEINUNG 28
meno 37, 38
mentre 63
migliore 37
mio 39, 40
MODALVERBEN 9, 34, 45
mögen 9, 26, 34, 45
MÖGLICHKEITSFORM DER VERGANGENHEIT 50
molto
   (= sehr) 38
   (= viel) 41
müssen 9, 34, 45

N
né … né 28
ne 30
neanche 28
nein 27
nemmeno 28
nessuno 28
nicht einmal 28
nicht 27
nichts 28
nie 28
niemand 28
niente 28
no 27
non 27
nonostante 63
nostro 39, 40
nulla 28

O
o 63
OBJEKTPRONOMEN 23, 24, 25
obwohl 63
oder 63
ogni 41
oppure 63
ORDNUNGSZAHLEN 20

P
PARTIZIP PERFEKT 33
PASSATO PROSSIMO
   FORMEN 33
   GEBRAUCH VON AVERE UND ESSERE 34
   GEBRAUCH VON MODALVERBEN, SAPERE
     UND CONOSCERE 45
   PASSATO PROSSIMO MIT DEN PRONOMEN
     LO, LA, LI, LE, NE 35
   TRANSITIVER / INTRANSITIVER GEBRAUCH
     EINIGER VERBEN 36
   UNTERSCHIED ZUM IMPERFETTO 44
PASSIV 64
peggio 37
peggiore 37

per 19
perché
   (= warum) 42
   (= weil) 63
perciò 63
PERFEKT 33, 34, 35, 36, 44, 45
però 63
PERSONALPRONOMEN
   DIREKTE OBJEKTPRONOMEN 23
   INDIREKTE OBJEKTPRONOMEN 24
   REFLEXIVPRONOMEN 11
   SUBJEKTPRONOMEN 6
   ZUSAMMENGESETZTE OBJEKTPRONOMEN 25
piacciono 26
piace 26
piacere 26
più 28, 37, 38
PLUSQUAMPERFEKT 47
poco 41
POSSESSIVADJEKTIVE MIT VERWANDTSCHAFTS-
   BEZEICHNUNGEN 40
POSSESSIVADJEKTIVE UND -PRONOMEN 39
potere 9, 34, 45
PRÄPOSITIONEN 17, 18, 19
PRÄSENS
   ESSERE UND *AVERE* 6
   MODALVERBEN *VOLERE*, *DOVERE*,
     POTERE UND *SAPERE* 9
   REFLEXIVE / REZIPROKE VERBEN
     (*-ARSI*, *-ERSI*, *-IRSI*) 11
   REGELMÄSSIGE VERBEN (*-ARE*, *-ERE*, *-IRE*) 8
   UNREGELMÄSSIGE VERBEN 10
prima che 63
PRONOMINALADVERBIEN 29, 30
pure 63

Q
qualche 41
quale 42
   (als Relativpronomen) 46
quando
   (= wann) 42
   (= wenn) 63

quanto
   (= so … wie) 37
quanto/-a/-i/-e 42
quello 32
questo 31
quindi 63

R
REFLEXIVE VERBEN 11, 34
REFLEXIVPRONOMEN 11
REGELMÄSSIGE VERBEN (*-ARE*, *-ERE*, *-IRE*) 8
RELATIVER SUPERLATIV 38
RELATIVPRONOMEN 46
REZIPROKE VERBEN 11, 34
rimanere 10
riuscire 10

S
sagen 10
sapere 9, 45
scegliere 10
schlecht 15
schön 14
se 62
sebbene 63
sedere 10
sehr 38
sein 6, 33, 34, 64
si (= man) 12
sia … sia / che 63
siccome 63
SI-KONSTRUKTION 12
sitzen 10
so … wie 37
sobald 63
sollen 9, 34, 45
sowohl … als auch 63
STARE + GERUNDIUM 56
STARE PER + INFINITV 56
stare 10, 56
su (+ Artikel) 19
SUBJEKTPRONOMEN 6

Register

SUBSTANTIVE
    BESONDERHEITEN VON GENUS UND PLURALBILDUNG 2
    ENDUNG AUF -O, -A, -E 1
suo 39, 40
SUPERLATIV DER ADJEKTIVE 38
    ABSOLUTER SUPERLATIV 38
    RELATIVER SUPERLATIV 38

T

tanto 41
TEILUNGSARTIKEL 22
tra 19
TRAPASSATO PROSSIMO 47
trinken 10
troppo 41
tun 10
tuo 39, 40
tutto/-a/-i/-e 41

U

UHRZEIT 21
un 5
un' 5
una 5
UNBESTIMMTE ARTIKEL 5
UNBESTIMMTE MENGENANGABEN 22
UNBETONTE DIREKTE OBJEKTPRONOMEN 23
UNBETONTE INDIREKTE OBJEKTPRONOMEN 24
und 63
uno (als Artikel) 5
UNREGELMÄSSIGE
    VERBEN 10, 43, 48, 51, 54, 57, 60
    S. AUCH LISTE S. 162 ff.
uscire 10

V

venire 10, 64
VERLAUFSFORM 56

VERNEINTER IMPERATIV 53
VERNEINUNG
    MEHRFACHE VERNEINUNG 28
    VERNEINUNG 27
viel 41
volere 9, 34, 45
VORVERGANGENHEIT 47
vostro 39, 40

W

wählen 10
während 63
wann 42
warum 42
was für ein/-e 42
weder ... noch 28
weil 63
welcher/-e/-es 42
wen 42
wenig 41
weniger 37
wenn 62, 63
wer 42
wie viel 42
wie 42
wissen 9, 45
wo 42
woher 42
wohin 42
wollen 9, 34, 45
WÜRDE + INFINITIV 48, 49

Z

ZAHLEN
    GRUND- UND ORDNUNGSZAHLEN 20
zu viel 41
ZUKUNFTSFORM 54
ZUSAMMENGESETZTE OBJEKTPRONOMEN 25